***ACCESO GRATIS** a la Lectura en la Nube*

Para visualizar el libro electrónico en la nube de lectura envíe junto a su nombre y apellidos una fotografía del código de barras situado en la contraportada del libro y otra del ticket de compra a la dirección:

ebooktirant@tirant.com

En un máximo de 72 horas laborables le enviaremos el código de acceso con sus instrucciones.

La visualización del libro en **NUBE DE LECTURA** excluye los usos bibliotecarios y públicos que puedan poner el archivo electrónico a disposición de una comunidad de lectores. Se permite tan solo un uso individual y privado.

VIOLENCIA, PODER Y MANIPULACIÓN

UN ENFOQUE CRIMINOLÓGICO-INTEGRATIVO

VIOLENCIA, PODER Y MANIPULACIÓN

UN ENFOQUE CRIMINOLÓGICO-INTEGRATIVO

MAXIMILIANO HERNÁNDEZ CUEVAS

tirant lo blanch
Ciudad de México, 2024

En caso de erratas y actualizaciones, la Editorial Tirant lo Blanch publicará la pertinente corrección en la página web www.tirant.com/mex/

Este libro será publicado y distribuido internacionalmente en todos los países donde la Editorial Tirant lo Blanch esté presente.

Esta obra fue dictaminada positivamente por pares académicos ciegos.

© EDITA: TIRANT LO BLANCH
DISTRIBUYE: TIRANT LO BLANCH MÉXICO
Av. Tamaulipas 150, Oficina 502
Hipódromo, Cuauhtémoc, 06100 Ciudad de México
Telf: +52 1 55 65502317
infomex@tirant.com
www.tirant.com/mex/
www.tirant.es
ISBN: 978-84-1397-321-0

Si tiene alguna queja o sugerencia, envíenos un mail a: *atencioncliente@tirant.com*. En caso de no ser atendida su sugerencia, por favor, lea en *www.tirant.net/index.php/empresa/politicas-de-empresa* nuestro procedimiento de quejas.

Responsabilidad Social Corporativa: *http://www.tirant.net/Docs/RSCTirant.pdf*

Maximiliano Hernández Cuevas

Doctor en Ciencias Políticas y Sociales con orientación en Sociología Jurídica, Universidad Nacional Autónoma de México; Maestro en Ciencias Penales con Especialidad en Criminología, Instituto Nacional de Ciencias Penales; catedrático del Instituto Nacional de Ciencias Penales; profesor investigador de la Universidad Autónoma de la Ciudad de México; docente y fundador de la Licenciatura en Derecho en el Programa Universitario de Educación Superior en Centros de Reclusión de la Ciudad de México (PESCER), impartida a las personas privadas de la libertad; miembro del Sistema Nacional de Investigadores, Consejo Nacional de Humanidades, Ciencias y Tecnologías. Ciudad de México. Correo-e: *maximiliano.hc54@gmail.com*

Agradecimiento

A todas y todos mis estudiantes, sin cuya participación entusiasta dentro y fuera del aula jamás hubiese sido posible acrisolar tantas reflexiones vertidas en clase que sirvieron de base al surgimiento de la investigación aquí presentada.

Mi gratitud especial al Doctor Omar David Jiménez Ojeda, por su constante solidaridad y apoyo académico.

También agradezco a mis colegas, amigas y amigos –algunos de toda la vida— que me ayudaron entusiastamente a elegir un título para que esta obra pudiese ser más interesante a los potenciales lectores. A todas y todos ellos, mi reconocimiento:

Ana Josefina Álvarez Gómez, Erika Anaya Torres, Raúl Arredondo Quintero, Alicia Beatriz Azzolini Bincaz, María Teresa Cerdán, Karina Maribel Chávez Frausto, Héctor Cantú Lagunas, Manuel Cervantes Velasco, Alfredo Cuevas Camarillo, Teresita Cuevas Camarillo, Laura Díaz Escutia, Alejandra Díaz Esparza, Roberto Alfredo Estefan Karam, Valdemar Espinosa Osuna, Lucía Elena Fernández Zamora, Francisco Javier García Morales, Johanna García Pacheco, Antonio Garza Nieto, José Arturo Gómez García, Froylán González Álvarez, Benjamín González, Juan Gabriel Gutiérrez Jiménez, Tonatiuh Hernández Correa, Julieta del Carmen Hernández Cuevas, Teresita de Jesús Hernández Cuevas, Juan Antonio Hernández Guerrero, José Cutberto Hernández Ramírez, Myrel Frinné Hernández Ramírez, Héctor Hermosillo Ustarroz, Omar David Jiménez Ojeda, Carlos Alberto Juárez Aguilar, Alejandro López Hernández, José Martín Maldonado del Moral, Susana Medina Ruiz, Ricardo Marcos Mejía Aranda, Dania Angélica Mejía Hernández, Lenika Montserrat Mejía Hernández, Berenice Adriana Melgoza Olivar, René Francisco Melgoza Paralizábal, Edgar Merino Fernández, Esther Guadalupe Muñoz Cervantes, Fernanda Muñoz, Isabella Ivonne Montemagno Hernández, Juan José Olea Valencia, Mónica Oliva Ríos, Alfonso Ortega Carrillo, Rosa Karina Pérez Cruz, José Fernando Pérez Jiménez, José Ricardo Piña Cancino, Antonio Rabasa González de la Vega, Raymundo Ramírez Rodríguez, Pedro

Francisco Reyes García, Miguel Ángel Rodríguez Alarcón, María Luisa Rojas Espejel, Ana Pamela Romero Guerra, Braulio Eduardo Salazar Gordillo, José Juan Sánchez Castañeda, Josune Tejero Langarica, Paola Torres, Laura Viviana Uyaban Matiz, Karla Velazquez Betancourt, Eduardo Velazquez Martínez, Nancy Cristina Zárate, Allan Omar Zárate Peña.

Las pasiones nobles son como los vicios: cuanto más se satisfacen, más crecen, las madres y los jugadores son insaciables.

La pasión es humanidad universal. Sin ella, la religión, la historia, el romance y el arte serían inútiles.

H. BALZAC

Índice

CAPÍTULO III
LA DIMENSIÓN FÁCTICO-SIMBÓLICA DE LA VIOLENCIA Y EL PODER

CAPÍTULO IV
SOCIEDAD VIOLENTA O SOCIEDAD CENTRADA EN EL CUIDADO

Introducción

La violencia parece estar firmemente enlazada a la existencia humana, pues se ostenta como fenómeno omnipresente en los diferentes ámbitos que integran el mundo de la vida que hemos creado como resultado de nuestra aptitud de consciencia, razón y emocionalidad. Y, además, las circunstancias se tornan confusas cuando referimos de manera indistinta a la agresión y a la violencia, dos fenómenos esencialmente diferentes, pero que, no obstante, llegamos a entender como iguales.

Realmente la línea divisoria entre una actitud o acción agresiva y una de carácter violento parece tenue o, incluso, desdibujada. Pero esto es únicamente apariencia pues, biológica y socialmente, hay un abismo de diferencia: en tanto la agresión es parte de la dotación biológica evolutivamente adquirida, útil para preservar la vida, la violencia, por su parte –y básicamente—, atenta contra la misma. Demostrarlo fue uno de los propósitos fundamentales que guiaron esta investigación.

En efecto, la agresión es defensiva no sólo en nuestra especie, sino en la diversidad de seres vivos que la emplean para proteger su integridad, la de sus semejantes o el espacio en que habitan; o cuando la agresión es depredadora más que defensiva, igualmente, sirve al interés fundamental de preservar la vida. En cualquier caso, la agresión está instintivamente motivada con fines de supervivencia.

En cambio, la violencia trasciende lo biológico y se origina en la vida social fundamentalmente organizada por normas, es decir, de modo consciente, más que instintivo. Así pues, conviene precisar que una motivación pasional, más que instintiva, está detrás de la violencia, y también –como se ha confirmado en este estudio— que su rasgo principal es antisocial, puesto que va contra la vida y no a su favor.

Llegar a tal aserto no fue sencillo, pues se tuvo que recurrir a una perspectiva analítica transdisciplinar a fin de lograr un mayor alcance explicativo y que, a su vez, ofrece la posibilidad de plantear propuestas tanto de política pública como, en general, de entender la necesidad de asumir actitudes y acciones que dan acceso a una vida pacífica en que la violencia puede reducirse a una mínima expresión, como es la real monopolización instituida de su uso para mantener un efectivo control social de la vida comunitaria; pero no más.

En la medida en que una sociedad logra forjarse dentro de un efectivo Estado de Justicia, el empleo de la violencia se reduce a un mínimo, quizás indispensable, pero al fin rebajado a una insignificante expresión. Ello, porque la justicia, como virtud en una sociedad racional y empática, no precisa del castigo como medio fundamental para resolver los conflictos, sino de una guía ética cuyo núcleo es la dignidad humana.

Con las consideraciones expuestas hasta aquí, procede decir que la pregunta de investigación y la correspondiente hipótesis formulada como su respuesta tentativa, a demostrar en esta obra, fueron las siguientes: ¿Qué es la violencia y cómo puede explicarse sus vínculos con la agresión, la dominación, el poder y la manipulación?

HIPÓTESIS: Un examen transdisciplinar permite acceder a una mejor comprensión y explicación de los fenómenos de la agresión y en particular el de la violencia, ésta primordialmente ligada a los afanes de dominación y poder, dado que surge, transcurre, se reproduce y prolifera en las dimensiones subjetiva y objetiva de la antisocialidad (la segunda, tanto fáctica como simbólica). Es decir, pese a su diversidad de origen y manifestaciones, la mayoría de las formas de violencia son de carácter antisocial y, por consiguiente, es viable examinarlas criminológicamente vía la transdiciplinariedad.

Para emprender el análisis orientado a comprobar lo afirmado en la hipótesis, el objetivo general en este trabajo fue llevar a cabo un análisis criminológico-transdisciplinar de la violencia, considerando sus dimensiones subjetiva y objetiva, para contar con una perspectiva de gran alcance que permitiera identificar tanto su diferencia de la agresión, como su indiscutible vínculo con la dominación y el poder. Fenómeno acerca del cual es necesario dar cuenta a fin de conseguir posibles salidas a corto, mediano y largo plazo.

Sobre esta base, el estudio que aquí se presenta consta de cuatro capítulos por medio de los que se desarrolla un análisis transdiciplinario bajo el paradigma de la Complejidad, el cual, como se explica en el segundo capítulo, permite acercarse a la realidad con un enfoque de gran angular y alta definición. El intento de llevarlo a término con una orientación criminológica obedece a que la violencia es un fenómeno antisocial y, como tal, objeto primordial de análisis de esta disciplina científica. Lo que no impidió su abordaje transdisciplinario pues, contrariamente a lo que pudiera concebirse, tal es la característica fundamental de la Criminología.

De tal modo, el primer capítulo está centrado en desmenuzar las semejanzas y divergencias entre la agresión y la violencia, describiendo sus puntos de convergencia connaturales, para exhibir hasta dónde una se transforma en otra con mediación de la aptitud de consciencia y el trasfondo pasional de las motivaciones propiamente humanas.

En el segundo capítulo, el estudio profundiza en describir y dar explicación acerca de cómo la violencia, esencialmente, se practica con la intención de infligir daño a su o sus destinatarios. Para ello se expone de qué manera, con el uso del paradigma de la complejidad, es posible acercarnos al objeto de estudio en sus múltiples representaciones –en nuestro caso de los nexos entre la agresión, la violencia, la dominación, el poder y la manipulación— dentro de la realidad en que existimos y alcanzamos a percibir.

Sobre tal base epistémica, en el capítulo tercero se examinan los aspectos objetivo y simbólico de las actitudes y comportamientos violentos desde diferentes enfoques, centrando la atención, desde una perspectiva evolucionista, en pormenorizar de qué modo la dominación –como característica inherente a la supervivencia— se transmuta en poder en la medida en que, progresivamente, nos alejamos de la vida instintiva y creamos a la moral y la cultura para organizar nuestra vida en sociedad; entorno dentro del que los sentimientos y el apasionamiento consecuente, son fundamentales en nuestra naturaleza y condición humanas. En todo esto, también se pasa por una revisión comparativa de diferentes culturas, con la finalidad de demostrar la existencia de un carácter social propio de cada una, expresión de su modo particular de entender y afrontar su existencia, más allá de las cualidades universales compartidas por todos los seres humanos como integrantes de la misma especie.

Por su parte, en el capítulo cuarto, el estudio profundiza sobre el tema moral del comportamiento, con el propósito de exhibir cómo el trato social violento se manifiesta en función de las prácticas morales de cada cultura, y que la coacción ha tenido un papel decisivo en el progreso moral orientado al respeto de la dignidad humana.

Además de esto, se revisan las diferencias anatomofuncionales entre los hombres y las mujeres, para poner de manifiesto que la mayor propensión natural de éstas a la empatía y al cuidado, menos que a la agresión y a la competitividad, ha influido decisivamente en la formación cultural menos violenta y dirigida al cuidado mutuo entre los individuos y grupos. Análisis que, lejos del reduccionismo biológico, nos muestra cómo una naturaleza y condición proclive a la agresión y a la violencia –caso principal de los hombres— puede moldearse moralmente, primero, con referencia a una naturaleza inclinada al cuidado menos que a la agresión –característico de las mujeres— y, segundo, por medio de una educación mayormente centrada en la empatía y el cuidado de los demás.

Capítulo I
Naturaleza y divergencia entre la agresión y la violencia

I. LA AGRESIÓN Y LA VIOLENCIA COMO EXPERIENCIAS SUBJETIVAS DEL SER HUMANO; II. EL CARÁCTER NATURAL Y EVOLUTIVO DE LA AGRESIÓN COMO RESPUESTA DEFENSIVA; III. AGRESIÓN Y VIOLENCIA: DOS REACCIONES DE DIFERENTE RAIGAMBRE; IV. EL ORIGEN FILOGENÉTICO DE LA VIOLENCIA; V. LOS SENTIMIENTOS Y EL CARÁCTER

La violencia y la agresión son un asunto fundamental cuando se intenta comprender la naturaleza y condición humanas. Acaso nos caracterizan desde nuestro pasado ancestral y permanecen como expresión contundente de las motivaciones del mundo en el cual nacemos y pretendemos sustentar en la razón. De ahí la dificultad de entenderlas mejor si nos olvidamos, por un lado, de sus ingredientes biológicos evolutivamente adquiridos para funcionar como parte del equipamiento adaptativo de muchas especies, incluida la nuestra; y por el otro, de los correspondientes a la interacción de las personas que, como veremos, es profundamente incitada por las pasiones.

En tal sentido, agresión y violencia parecen comportamientos iguales; sin embargo, es posible diferenciarlos conforme el tipo de motivación de sus ejecutantes, ya que no es lo mismo referir la agresión de muchas especies animales movida, por ejemplo, a satisfacer necesidades reproductivas, alimentarias, de seguridad o de espacio vital, que la violencia impregnada de crueldad hacia las víctimas de su perpetración.

Por consiguiente, si bien es posible rastrear el fundamento biológico de la violencia, en apariencia equivalente al de la agresión, no es menos cierto que la misma también posee una base cognitiva y pasional que la distancia de la mera preservación vital. En tal entendido, el objeto del presente capítulo es examinar la agresión y la violencia como experiencias subjetivas del ser humano, mostrando sus correlatos connatural-evolutivos y ambientales, ambos, consustanciales a nuestra especie, que marcan una diferencia importante de su expresión en los demás animales.

I. LA AGRESIÓN Y LA VIOLENCIA COMO EXPERIENCIAS SUBJETIVAS DEL SER HUMANO

Puede afirmarse que la agresión y la violencia son respuestas impulsivamente motivadas por emociones básicas como la ira, el miedo, la ansiedad, los celos o la envidia.[1] Y estas últimas, a su vez, son reacciones neurofisiológicas ante acontecimientos percibidos y procesados por un organismo vivo con sistema nervioso apto para ello.

> Las respuestas emotivas se originan en los sistemas específicos del cerebro (a veces en una región específica) responsables de dar órdenes a los diversos componentes de esa respuesta: las moléculas químicas que han de segregarse, los cambios viscerales que han de conseguirse, o los movimientos de la cara,

---

[1] Sobre las emociones básicas vid. Buss, David M. (2014), "Comment: Evolutionary Criteria for Considering an Emotion "Basic": Jealousy as an Illustration", *Emotion Review, Vol. 6, No. 4,* pp. 1–3; Nesse, Randolph M. and Ellsworth, Phoebe C. (2009) "Evolution, Emotions, and Emotional Disorders", *American Psychologist, January 64 (2),* pp. 129-139; Jarymowicz, Maria and Bar-tal, Daniel (2006), "The dominance of fear over hope in the life of individuals and collectives", *European Journal of Social Psychology Eur. J. Soc. Psychol. 36,* pp. 367–392, [en línea], disponible en: *https://www.researchgate.net/publication/227652219_The_Dominance_of_Fear_over_Hope_in_the_Life_of_Individuals_and_Collectives*

> las extremidades o el cuerpo entero que forman parte de una emoción específica, ya sea ésta ira, miedo o alegría [...][2]

Así pues, conviene precisar que una emoción básica, por ejemplo el miedo o incluso el pánico, puede desencadenar respuestas *emotivas* ajenas a la voluntad como son la agresión, la huida, el llanto o la parálisis; y, si bien es cierto, aun cuando en el caso de la violencia hay que ser cautos al colocarla en el terreno de los comportamientos impensados (al igual que muchos actos o actitudes agresivas), aquí lo importante es enfatizar su carga emocional primigenia, factor que hace posible equipararlas a pesar de sus importantes diferencias, las cuales abordaremos en adelante.

Para ello, primeramente, es necesario consignar el ingrediente *subjetivo* de reacciones emotivas como la agresión y la violencia: pese a que pueden ser experiencias compartidas por varios individuos, cada cual lo vivencia de modo singular; signi-

---

2 Damasio, Antonio, *El extraño orden de las cosas. La vida, los sentimientos y la creación de las culturas,* (2018), Destino, Vol. 287, pp., 146-147 "Sabemos dónde están situadas las regiones fundamentales del cerebro. En su mayor parte consisten en grupos de neuronas (núcleos) en el hipotálamo, el bulbo raquídeo, (donde es especialmente importante una región denominada gris periacueductal) y en el prosencéfalo basal (donde los núcleos de la amígdala y la región del *nucleus acumbens* son las estructuras principales). Todas estas regiones pueden ser activadas por un procesamiento de contenidos mentales específicos. Podemos imaginarnos la activación de una región concreta como el "emparejamiento" de un determinado contenido con esa región. Cuando tiene lugar este emparejamiento, que es lo mismo que decir que la región "reconoce" una determinada configuración, se inicia el desencadenamiento de una emoción [...] Este conjunto de regiones cerebrales subcorticales está presente en vertebrados e invertebrados, pero destaca especialmente en los mamíferos. Alberga los medios para responder a todo tipo de sentimientos, objetos y circunstancias con impulsos, motivaciones y emociones [...] El desencadenamiento de respuestas emotivas tiene lugar de forma automática e inconsciente, sin la intervención de nuestra voluntad [...]"

fica que dichas respuestas resultan peculiares debido a que son efectuadas por individuos dotados de consciencia.

Es en esto último, donde la experiencia emotiva individual, involuntaria, adquiere un fuerte componente de subjetividad pues, en efecto, lo subjetivo se vuelve tal por mediación de la autopercepción interior[3] y la consciencia. Esto es, ¿qué hace a una respuesta impulsiva, de corte individual y natural, una experiencia subjetiva? Precisamente, la capacidad de elaborar imágenes[4] y pensamientos, posteriores a dicha respuesta, que intentan dar cuenta de reacciones automáticas como las emociones. Ello implica un importante factor que distancia a los animales conscientes de los que no lo son: la aptitud de hacer ilaciones acerca de lo que se actúa –y se siente— al margen de la voluntad.

Es esta dimensión subjetiva de la agresión y la violencia la que distancia dichas acciones, involuntarias o incluso voluntarias, de la mera pulsión instintiva.[5] Efectivamente, a medida que existe la posibilidad de sentir y cobrar consciencia sobre las acciones realizadas, la agresión –aun la de carácter defensivo— y la violencia, adquieren una motivación no sólo emocional sino además vinculada al apasionamiento y la consciencia, pues, como experiencias subjetivas, se abren a diversas posibilidades: desde los sentimientos de dolor, remordimiento, arrepentimiento, satisfacción, o aun placer, entre otros, hasta la deliberación sobre lo acontecido: errores, aciertos, consecuencias y la posible premeditación para sucesos posteriores.

---

3 Se entiende por autopercepción interior a las *imágenes del interior de uno mismo*; éstas, contribuyen a crear los sentimientos sobre nosotros mismos y por consiguiente la propia subjetividad. Cf. Ibidem, pp. 197-198.

4 Imágenes auditivas, visuales, sensoriales, táctiles, olfativas, gustativas, así como las mencionadas imágenes del interior de uno mismo. Cf. Ibid., pp. 194-195.

5 Sobre la violencia como negación de la subjetividad, vid. Wieviorka, Michel, "La violencia: destrucción y constitución del sujeto" (2001), *Espacio Abierto, Vol. 10 - No. 3* julio – septiembre, Universidad de Zulia, Venezuela, pp. 337-347.

En otros términos, las raíces emotivas de tales comportamientos, en función de la capacidad sentimental y cognoscente, se tornan un asunto tanto emocional como pasional. Dos tipos de reacción impulsiva de base biológica común, pero diferenciables conforme es posible distinguir entre las meras pulsiones de origen instintivo (emociones), y aquéllas que no lo son y están radicadas en el carácter (pasiones). Veamos con detenimiento esta divergencia.

II. EL CARÁCTER NATURAL Y EVOLUTIVO DE LA AGRESIÓN COMO RESPUESTA DEFENSIVA

Como hemos adelantado, la agresión es una respuesta de carácter emotivo que compartimos los seres vivos; es parte del equipamiento biológico de supervivencia que entra en acción ante amenazas a la integridad del individuo, que lo impele a mantenerse con vida. Es un recurso en el que se emplea la fuerza física o la amenaza de usarla ante una situación de peligro; es, ante todo, una reacción impulsiva y por lo mismo ajena a la voluntad. "*La agresión programada filogenéticamente, tal y como existe en el animal y en el hombre, es una reacción defensiva biológicamente adaptativa.*"[6]

> Así descubrió Goethe [1940] una reacción de pollitos silvestres (Tetrao urogallos) a un simulacro de ave de presa movido por un alambre [...]Interesante fue en esta reacción que los polluelos de 20 días ya se separaban por sexos, y mientras las gallinitas buscaban protección, los gallitos tomaban posición de defensa [...][7]

Ahora bien, es menester distinguir a la agresión defensiva de aquella que no lo es; la primera, es característica de compor-

---

[6] Fromm, Erich (1985), *Anatomía de la destructividad humana,* México, S. XXI, p. 107.

[7] Lorenz, Konrad y Leyhausen, Paul, (1985), *Biología del comportamiento. Raíces instintivas de la agresión, el miedo y la libertad,* México, Siglo XXI, p. 39.

tamientos animales como la territorialidad, la autoprotección o la protección de críos, o bien la lucha por los alimentos. En cambio, la segunda, es la agresión rapaz propia de animales depredadores. Los motivos de la agresión difieren en ambos casos: el instinto depredador no es de defensa, común a todos los animales, sino de búsqueda de alimento, común a ciertas especies morfológicamente equipadas para esa tarea. La diferencia entre estos tipos de agresión es importante para el tema de la agresión humana, ya que filogenéticamente el ser humano no es un animal depredador, y de ahí que su agresión, en lo relacionado con sus raíces neurofisiológicas, no sea de tipo rapaz.[8]

> Los estudios en animales han aportado mucha información sobre las principales estructuras neuroanatómicas implicadas en la agresión, entre las que se encuentran el mesencéfalo, el hipotálamo, la amígdala y el sistema límbico, otras estructuras subcorticales y la corteza cerebral. Sin embargo, hay que considerar que las áreas implicadas pueden variar en función de diversas variables, como la especie estudiada y **el tipo de agresión**. Las primeras aproximaciones al estudio de la agresión y la violencia en los seres humanos han establecido que, en general, existe coincidencia con la investigación animal.[9]

---

8 Fromm, Erich, *Anatomía*...op. cit., p.110. "No sólo tiene el comportamiento depredador su propio subestrato neurofisiológico, distinto del de la agresión defensiva, sino que el comportamiento en sí es diferente. No denota rabia ni es intercambiable con el comportamiento combativo, sino que es determinado por su objetivo, perfectamente dirigido y la tensión termina al lograrse el objetivo: la obtención del alimento." Idem. Acerca del pasado ancestral del ser humano, su dieta y comportamiento no predatorio, vid. Gräslung, Bo (2005), *Early humans and their world,* London and New York: Roudledge, Taylor & Francis Group, pp., 136-144.

9 Moya-Albiol, Luis (2004), "Bases neurales de la violencia humana", *Revista de Neurología; 38 (11),* Departamento de Psicobiología, Facultad de Psicología, Valencia, España, pp. 1067-1075 (las negritas son mías); también vid. Berg, Liz (2014), "Comparing Predatory Versus Affective Violence and Examining Early Life Stress as a Risk Factor",

Esta raíz biológica de la agresión defensiva, que compartimos con los animales, es un producto evolutivo a favor de la vida; representa una expresión del *imperativo homeostático de resistir y prevalecer.*[10] *Es, en tal perspectiva, que la aptitud natural de agresión humana nos impulsa a la preservación de la integridad personal o del grupo al que pertenecemos. Tenemos en ello un aspecto de relevancia suprema que diferencia a la agresión de la violencia. En tanto la primera impulsa a la vida, la segunda atenta contra la misma,* como veremos enseguida.

III. AGRESIÓN Y VIOLENCIA: DOS REACCIONES DE DIFERENTE RAIGAMBRE

Anteriormente quedó asentado que las raíces neurofisiológicas de la agresión y la violencia parecen iguales, sin embargo, al examinar el asunto de la agresión defensiva como reacción a favor de la vida, es menester dejar muy en claro que la violencia *no* es una respuesta en tal sentido, y aun cuando –de origen— pudiera parecer que comparte regiones corticales y subcorticales con la agresión, su emisión responde, con frecuencia, más a estados patológicos que a un equipamiento natural de supervivencia.

Al respecto, existen múltiples estudios neurocientíficos y psicopatológicos que han puesto de manifiesto la raíz morbosa

---

Writing Excellence Award Winners. Paper 37, pp. 3-6, [en línea], disponible en: *http://soundideas.pugetsound.edu/writing_awards/37*

10 Damasio, Antonio, *El extraño orden*...op. cit., p. 30. No obstante que Damasio, al definir a la homeostasis como un poderoso imperativo de cualquier organismo vivo, grande o pequeño, lo refiere como "carente de reflexión y expresión", resulta patente que la agresión defensiva es, precisamente, una forma en que se expresa tal imperativo en los animales. Entiendo que su definición abarca la vida en general, no sólo la vida animal, de ahí que la agresión no puede implicarse como expresión de la homeostasis en "cualquier organismo vivo", tal como él explica a esta última.

de muchos comportamientos violentos;[11] quizás de todos, puesto que la cuestión es explicar, satisfactoriamente, cualesquiera de sus variantes en función del contexto en el cual surgen y

---

11 Vid., entre muchos más, Arana Medina, Claudia Marcela (2012), "Funciones ejecutivas y cognición social en sujetos con diagnóstico de personalidad antisocial", en *Hacia la transformación en la dinámica investigativa,* Fundación Universitaria Luis Amigó, Medellín, Colombia; Baskin-Sommers, Arielle R & Baskin, Deborah (2016), "Psychopathic Traits Mediate the Relationship Between Exposure to Violence and Violent Juvenile Offending", *Springer Science+Business Media New York, J Psychopathol Behav Assess,* [en línea], disponible en: *https://modlab.yale.edu/sites/default/files/files/Baskin-SommersBaskin_PPMediate.pdf;* Calderon Delgado, Liliana y Barrera Valencia Mauricio (2012), *"Exploración neuropsicológica de la atención y la memoria en niños y adolescentes víctimas de la violencia en Colombia: estudio preliminar", Revista CES Psicología/ISSN 2011-3080* Facultad de Psicología Universidad CES, [en línea], disponible en: *http://revistas.ces.edu.co/index.php/psicologia/article/view/2174;* Fromm, Erich, *Anatomía de la destructividad...*" op. cit.; Fromm, Erich (2010), *El corazón del hombre. Su potencia para el bien y para el mal,* 20ª reimpresión, México, Fondo de Cultura Económica; Glenn Andrea L. & Raine Adrian (2014), *Psichopathy: An Introduction to Biologycal Findings and Their Implications,* New york, University Press; Glenn Andrea L. & Raine Adrian (2014), "Neurocriminology: implications for the punishment, prediction and prevention of criminal behaviour" *Nature Reviews Neuroscience 15* pp. 54-63; Moya-Albiol, Luis (2004), "Bases neurales de la violencia..." op. cit; Sanmartín Esplugues, José (2013), *"Huyendo de los extremos. Conciliación (Consilience) en la explicación del comportamiento violento humano" Contrastes. Revista Internacional de Filosofía: Suplemento 18, pp. 269-286. ISSN: 1136-9922,* Málaga, España, Departamento de Filosofía, Universidad de Málaga, Facultad de Filosofía y Letras Campus de Teatinos, E-29071; Stockdale, Laura A., Morrison, Robert G., Kmiecik, Matthew j., Garbarino, James, and Silton Rebecca L. (2015), "Emotionally anesthetized: media violence induces neural changes during emotional face processing", Oxford University Press, [en línea], disponible en: *https://academic.oup.com/scan/article-abstract/10/10/1373/1648617;* Puede consultarse una interesante reseña sobre el estudio de los asesinos seriales en Orellana Wiarco, Octavio Alberto (2012), *Criminología Moderna y Contemporánea,* México, Porrúa.

acontecen –sea éste de la vida psicobiológica, familiar, grupal, social o política, o de todas en plena interconexión. Es aquí cuando cobra especial interés la capacidad de consciencia y la forma en que el sujeto procesa mentalmente sus experiencias de vida. De modo que la vida emotivo-sentimental, por obra de la consciencia, adquiere un papel significativo en la conformación del sujeto mismo, de su personalidad, *carácter* o forma de *ser* en su propia vida e interacción con los demás.

Así, la perspectiva psicoanalítica ofrece un importante marco teórico para explicar el proceso mediante el cual se transita de las respuestas impulsivas de base emocional a reacciones impulsivas cuyo fundamento son las pasiones. El núcleo de esta diferenciación está en la formación del carácter, el cual es consecuencia del desprendimiento de nuestra vida de la mera instintividad, para conducirla con autodeterminación por medio de la consciencia. Surge con ello la necesidad existencial básica del ser humano de formación de una *estructura caracterial*:

> Esta necesidad tiene relación con [...] la importancia decreciente de la dotación instintiva [...] El carácter es la estructura específica en que se organiza la energía humana para la consecución de los fines [de la persona]; motiva el comportamiento según sus fines dominantes. Decimos que una persona obra "instintivamente" de acuerdo con su carácter [...] el carácter es el destino del hombre. El tacaño no se pregunta si debe economizar o gastar; se siente impulsado a economizar o guardar; el carácter explotador sádico es impulsado por la pasión de explotar; el carácter sádico, por la pasión de mandar; el carácter amoroso y productivo no tiene más remedio que esforzarse en amar y compartir.[12]

Obsérvese cómo se alude al *sentirse impulsado* a obrar en determinado sentido; lo cual implica que es un carácter, en particular, el que mueve inconscientemente, es decir, por impulso, a una persona a comportarse de manera específica ante las situaciones

---

12 Fromm, Erich, *Anatomía de la destructividad*...op. cit., p. 255.

de vida que confronta. En tal sentido, el "*carácter es el sistema relativamente permanente de todos los afanes no instintivos mediante los cuales el hombre se relaciona con el mundo humano y el natural.*"[13]

Por lo tanto, aquello que da motivación impulsiva al carácter son afanes, esto es, *las pasiones* radicadas –integradas— en él. *Las pasiones son definidas como los diferentes modos de satisfacer las necesidades existenciales propias del ser humano*[14]*; pasiones tales como el amor, la ternura, el afán de justicia, la independencia, la sinceridad, el odio, el sadismo, el masoquismo, la destructividad, o el narcisismo.*[15] *Todas ellas impulsan la actitud que cada sujeto asume consigo mismo y en su trato con los demás. Resulta así que la agresión y la violencia adquieren el matiz que la subjetividad de cada individuo le imprime en función de su carácter.* Es decir, las pasiones tienen un papel definitorio en los actos de agresión y/o violencia de cada individuo, o de grupos enteros. [16]

---

13 Ibidem, p. 231(las cursivas son mías).

14 Sobre las necesidades existenciales del ser humano, compartidas por todos los integrantes de la especie independientemente del tiempo, lugar, cultura y circunstancias de vida, existen varios desarrollos científicos. El psicoanalítico, que sirve de referencia en este estudio, describe las siguientes: 1. Necesidad de un marco de orientación y devoción; 2. de raigambre; 3. de efectividad; 4. de excitación y estimulación; y 5. de estructura caracterial. Vid. FROMM, Erich, Ibidem, pp. 234-246. Las necesidades existenciales surgen "de las contradicciones fundamentales que caracterizan la existencia humana y radican en la dicotomía biológica entre los instintos faltantes y la consciencia de sí mismo. El conflicto existencial del hombre produce ciertas necesidades psíquicas comunes [...] tienen sus raíces en la existencia misma del hombre [...] y su satisfacción es necesaria para que se mantenga sano, del mismo modo que es necesaria la satisfacción de pulsiones orgánicas para que se mantenga vivo", Ibid., p 231.

15 Idem.

16 Incluso, hasta es factible la formación de un *carácter social*: "De lo que se trata es de saber por qué la especie humana [...] pudo formarse un carácter. La solución ha de hallarse probablemente en ciertas

Por supuesto que lo anterior no invalida el papel de la agresión defensiva como impulso vital de origen instintivo; por el contrario, la agresión de este tipo nos recuerda constantemente nuestra naturaleza que, por obra de la consciencia, intentamos dirigir moralmente, pero que ahí está –siempre presente— como parte del imperativo homeostático de sobrevivir y prevalecer. Energía vital que nos coloca en conflicto según las experiencias subjetivas intervinientes en la formación del carácter. Esto es, en función de las pasiones que sustentan su carácter, el sujeto buscará la satisfacción de necesidades propias de su existencia humana mediante la agresión, la violencia, la dominación y el sometimiento de los demás o, contrariamente, con actitudes empáticas y afectivas de solidaridad, ejercicio de la cordura y, por consiguiente, de búsqueda de la justicia.

IV. EL ORIGEN FILOGENÉTICO DE LA VIOLENCIA

El fundamento filogenético de la violencia puede rastrearse mediante el estudio de primates como el chimpancé, debido a su cercanía a nuestra especie; ello, no obstante aserciones cientí-

---

consideraciones biológicas. Desde el principio, los grupos humanos vivieron en circunstancias ambientales muy diversas [...] Aquellas situaciones ambientales diferentes empero hacían necesario que cada grupo adaptara su comportamiento a sus situaciones respectivas, no sólo por el aprendizaje sino también formándose un ´carácter social´. El concepto de carácter social se basa en la consideración de que cada forma de sociedad (o clase social) necesita emplear la energía humana del modo específico necesario para el funcionamiento de esa sociedad. Sus miembros han de *desear* hacer lo que *tienen* que hacer para que la sociedad funcione debidamente. *Este proceso de transformación de energía psíquica en energía psicosocial específica es transmitido por el carácter social.* Los medios por que se forma el carácter social son esencialmente culturales. Por mediación de los padres, la sociedad transmite a los hijos sus valores, prescripciones, órdenes, etc.", Ibidem, p. 256.

ficas como la siguiente: "[a causa de que] los chimpancés no tienen lenguaje no pueden transmitir símbolos, valores ni ideas; es decir, no tienen las condiciones para la formación del carácter".[17]

Contrariamente, investigaciones posteriores nos han ubicado en otro escenario: que los chimpancés poseen tanto aptitud para el lenguaje, aunque no articulado oralmente, como para utilizar herramientas y crear formas de cultura incipientes. Es decir, son partícipes de propiedades biológicas y sociales favorables a la formación rudimentaria de un carácter, a saber: la vida gregaria combinada con las capacidades de autopercepción, de cognición y de consciencia.[18]

> Todo empezó con el capital descubrimiento de Jane Goodall, que en 1960 dio a conocer un hecho sorprendente: los chimpancés de Gombe, en el África oriental, sabían construir y utilizar herramientas [...] ¿qué explicación cabía dar al hecho de que dominaran una habilidad que es el sello distintivo de la cultura homínida? [...] ¿por qué sus procesos mentales parecían tan idénticos a los nuestros? [...] por fin, en 1966, Washoe empezó a hablar con señas. Cuando la conocí, un año más tar-

---

17 Idem. Como inmediatamente veremos, estudios más recientes han desmentido la afirmación de Fromm respecto a la ineptitud de los chimpancés para transmitir a los hijos conocimientos y cultura, vid, por ejemplo, cómo la cultura se transmite a los pequeños chimpancés a través de las hembras madres, Gräslung, Bo (2005), *Early humans and their world*, op. cit., p., 154. Y lo mismo, en edad juvenil temprana, cómo los machos jóvenes desafían a sus madres y comienzan a buscar a los machos adultos de quienes aprenden otras actividades propias de su sexo como el patrullaje y la cacería "[...] Algunas veces un macho adolescente elige a uno de los machos seniors como su «héroe». Es atento con todos, pero es a su héroe al que observa más de cerca y con el que más estrechamente viaja cuando deja a su familia [...]" vid. Goodall, Jane (1993), *A través de la ventana. Treinta años estudiando a los chimpancés*, Salvat, pp. 56-60.

18 Sobre la capacidad cognitiva de los chimpancés, vid. un estudio panorámico sobre el tema: Tomasello, Michel & Call, Joseph (1997), *Primate Cognition*, New York-Oxford, Oxford University Press, Inc.

> de, yo mismo no salía de mi asombro y me preguntaba cómo era posible que una criatura de aspecto tan rematadamente distinto al de un niño pudiera pensar, actuar y hablar de manera idéntica a la de un ser humano de corta edad [19].

Fouts es uno de los investigadores que en 1967 enseñaron a comunicarse con las manos, por medio del lenguaje de signos americano (ASL) –lenguaje de señas de los sordomudos— a una bebé chimpancé de edad de dos años, por iniciativa de los psicólogos experimentales Allen y Beatrix Gardner, quienes se hicieron cargo del cuidado y educación de la pequeña en su propia casa como parte de su familia y asignaron a Fouts como ayudante de investigación en el proyecto Washoe.

> Washoe y yo nos comunicábamos mediante símbolos. Ella me proporcionaba información simbólica al pedirme que abriera la puerta y al sugerir que utilizara la llave para quitar el candado. Yo le respondía con una información también simbólica [...] [20].

Contrariamente a lo que Fromm pensaba, los chimpancés tienen aptitud de comunicación lingüística, esto es, simbólica; y por lo tanto la posibilidad de deliberación que los ubica más allá de la vida puramente sujeta a los instintos. De ahí que la enseñanza del lenguaje de signos se haya extendido a otros ejemplares, sobre lo cual Fouts afirma lo siguiente: "la velocidad de aprendizaje variaba considerablemente de unos a otros [...] los chimpancés al igual que los humanos, son entes individuales cuyo proceso de aprendizaje se halla muy condicionado *por el carácter propio* de cada uno y su particular forma de reaccionar en distintos entornos educacionales"[21]

---

19 Fouts, Roger (1999), *Primos hermanos. Lo que me han enseñado los chimpancés acerca de la condición humana,* Barcelona, España, Ediciones B.S.A, p. 72.

20 Ibidem, p. 111.

21 Ibid., pp. 176-177 (cursivas mías); asimismo, vid. Mitae, Carme (2007), *Implicaciones cognitivas del aprendizaje lingüístico en los simios,* [en línea], disponible en: *quark.prbb.org/25/025045.htm*

Por otra parte, en cuanto a las relaciones de dominio y vasallaje, en otro momento de investigación posterior al citado, Fouts, al experimentar por separado en la enseñanza del lenguaje a grupos de niños sordomudos y a otros de pequeños chimpancés, concluye que "eran prácticamente idénticas. Un aspecto en concreto de dichas relaciones, el de contacto físico, parecía responder a una sola regla: cuanto menos poder tenía uno de los jóvenes en el seno del grupo, más lo tocarían sus compañeros y menos los tocaría él."[22] Además, Fouts también consigna actos de solidaridad por parte de Washoe adulta hacia otra hembra, al haberla rescatado del peligro de morir ahogada.[23]

Por su parte, en lo que concierne a chimpancés en estado salvaje, Goodall refiere lo siguiente:

> Ellos emplean –y necesitan sus habilidades intelectuales durante el habitual día a día en su compleja sociedad [...] Continuamente tienen que tomar decisiones, como dónde ir o con quién viajar. Necesitan imperiosamente desarrollar su habilidad social, particularmente aquellos machos que luchan por un alto puesto en la jerarquía dominante. Los chimpancés de nivel inferior deben aprender a contentarse –a ocultar sus deseos, o bien a hacer las cosas en secreto— si quieren seguir viviendo con sus superiores [...] Bajo la ley de un poderoso macho los conflictos entre los otros miembros de la comunidad pasaron a ser mínimos, porque utilizaba su posición para prevenir las luchas entre sus subordinados. No siempre era evidente su motivación. Algunas veces podía ser un genuino deseo de ayudar a un desvalido. Otras, que el alfa cayera y su posición cambiara si otro macho iniciaba la lucha [...].[24]

---

22 Ibid., pp. 212-213.

23 En torno a la solidaridad –aprendida o no— en primates, vid. De Waal, F. B. M. & Suchak, M. (2010), *Review Prosocial primates: selfish and unselfish motivations*, Living Links, Yerkes National Primate Research Center and Psychology Department, Emory University, Atlanta, GA, USA, The Royal Society, [en línea], disponible en: *https://royalsocietypublishing.org/doi/pdf/10.1098/rstb.2010.0119*

24 Goodall, Jane, A través de la...", op. cit., pp. 12, 29.

Vemos pues, que los chimpancés están mucho más cerca de los humanos de lo que hasta hace pocas décadas se había imaginado. Al punto que deberíamos extender nuestra idea de persona hacia ellos, dado su nivel cognitivo, emotivo-sentimental y caracterial; pues, en efecto, poseen un desarrollo de consciencia y autoconcepto[25] que los sitúa como seres con dignidad muy cercana a la nuestra, claro que sin haber llegado al grado de desarrollo cultural ni de capacidad destructiva que poseemos. Así que en lo tocante a la formación del carácter o "segunda naturaleza del hombre",[26] cabe añadir que no tenemos el monopolio, sino que también existe –en sus albores— en primates como los chimpancés.

Y por ello, asimismo, éstos pueden incurrir en actos de violencia probablemente ligados al afán de predominio o sometimiento de unos individuos y/o grupos sobre otros, o motivados por pasiones como el odio o el rencor.[27] Esto, en razón de que, conforme

---

25 "Entonces se probó experimentalmente y por encima de cualquier duda que los chimpancés podían reconocerse a sí mismos ante un espejo, lo que demuestra que, de algún modo, poseen alguna clase de auto-concepto. De hecho, Washoe ya había demostrado esta habilidad unos años antes, reconociéndose espontáneamente ante un espejo, mirando fijamente su imagen y haciendo el signo de su nombre. Pero esa observación era meramente anecdótica. La prueba llegó cuando a unos chimpancés que habían estado jugando con espejos se les aplicaron, mientras estaban anestesiados, toquecitos de pintura inodora en puntos, como la cabeza y las orejas, que no podían ver sino en el espejo. Cuando se despertaron no sólo quedaron fascinados por su manchada imagen, sino que inmediatamente investigaron con sus dedos las manchas de pintura", Goodall, Jane, *A través de...* ", op. cit, p. 12.

26 Kortlandt, A. (1962), "Chimpanzees in the wild", en Fromm, E., *Anatomía de la*...op. cit., p. 122.

27 Sobre registros de ataques mortales, explicables por comportamientos defensivos pero también impregnados de violencia entre los chimpancés, vid. Mitani, John, Watts David P. and Amsler Sylvia J. (2010), "Lethal intergroup aggression leads to territorial expansión in wild chimpan-

evolutivamente se asciende en el desarrollo de la consciencia y, por tanto, en la capacidad de dar significado a las acciones, las emociones –cuyo fundamento es impulsivo— se matizan de intencionalidad difícilmente asociable sólo a las "pulsiones orgánicas", anteriormente llamadas instintos (cuya función es garantizar la supervivencia del individuo y de la especie), y, en cambio, sí a las pulsiones "no orgánicas" (pasiones radicadas en el carácter).[28]

Al respecto, estudios como los de Goodall sobre la vida en libertad de los chimpancés, han registrado episodios de violencia frenética difícilmente explicables como agresiones en defensa del territorio; sino tal vez, motivados por enojo, rencor u odio hacia individuos que, habiendo pertenecido a una comunidad, decidieron abandonarla para formar la suya por cuenta propia. Tal es el caso de la guerra acontecida entre los chimpancés de Gombe, en la cual se dieron terribles asesinatos hacia importantes excompañeros:

> Definitivamente intentaban matarle –Faben le retorció la pierna varias veces, como si estuviese intentando desmembrar un adulto

---

zees", *Current Biology, Volume 20, Issue 12, June 22,* [en línea], disponible en: *https://www.cell.com/current-biology/fulltext/S0960-9822(10)00459-8#secd13565180e130*; Mitani, John C and Muller, Martin N. (2005), "Conflict and Cooperation in wild chimpanzees" *Advances in the Study of Behavior, vol. 35*; Wrangham, R.W., Wilson, M.L. and Muller, M.N.(2006), "Comparative rates of violence in chimpanzees and humans", *Primates 47,* pp. 14–26, jannuary, [en línea], disponible en: *https://doi.org/10.1007/s10329-005-0140-1*; también ver el documental que recopila diez años de investigación sobre los chimpancés en estado salvaje de Ngogo, Uganda, de John Mitani "La rebelión de los simios", [en línea], disponible en: *https://www.youtube.com/watch?v=zEXYN2ewrfg*

28 "Las pulsiones "no orgánicas" no programadas filogenéticamente y no comunes a todos los hombres: el deseo, de amor y libertad; la destructividad, el narcisismo, el sadismo, el masoquismo (...); no significa que no tengan un subestrato neurofisiológico, sino que no son iniciadas por las necesidades orgánicas ni les sirven." Fromm, Erich, *Anatomía de la destructividad...*, op.cit., p. 86.

> de colobo después de una cacería. [...] Repetidamente aporreaban los troncos de los árboles, lanzaban rocas, arrastraban y tiraban ramas. Y siempre gritaban, en señal de triunfo. Goliath, como las demás víctimas, había sido horriblemente herido [...] Los ataques observados en Gombe, sin embargo, estaban claramente dirigidos a las hembras adultas [...] parece que los ataques constituyen una expresión del odio que sienten los chimpancés de una comunidad por los de otra [...]Igual que Goliath, Madam Bee era vieja [...] Pero esta indefensa hembra fue tratada de la misma depravada manera: aporreada y tundida, arrastrada a revolcones[29].

Por otro lado, también existe el reporte de violencia, probablemente patológica, en la que se llega al canibalismo, conducta inexistente en la vida normal de las comunidades de estos simios.

> Durante las siguientes cinco horas Passion se comió el bebé de Gilka compartiendo la carne con su familia, Pom y el joven Prof. Entre los tres consumieron hasta el último pedazo. Nos quedamos sin habla. No era el primer ejemplo de canibalismo en Gombe; cinco años antes un grupo de adultos machos se lanzaron sobre una hembra de una comunidad vecina, la atacaron salvajemente y durante la lucha le robaron el bebé, lo mataron, y se comieron parte de su cuerpecillo. Pero aquello fue distinto para la hembra porque había sido un forastero el que había empezado las hostilidades con los machos. La habían atacado como un esfuerzo más para conservar la integridad de su territorio y su cría, al parecer, había encontrado la muerte casi por accidente. Sólo se comieron una pequeña parte de su cuerpo y sólo un par de los machos presentes. La mayor parte de los agresores había actuado, tocado e incluso acicalado el cadáver. En cambio, el ataque de Passion sobre Gilka parecía tener un único objetivo, atrapar a la cría. Y se comió su cuerpo del mismo modo como se comen las presas, poco a poco y con apetito, masticando cada mordisco de carne con unas cuantas hojas verdes. Empezamos a sospechar que el primer bebé de Gilka, el pequeño Gandalf, podría haber tenido un destino semejante.[30]

---

29 Goodall, Jane, *A través de la...*, op. cit., pp. 51, 53 (cursivas mías).

30 Ibidem, p. 40.

Considerando ambos casos de canibalismo, contrasta la actitud en la comisión de aquel en el que la hembra caníbal comparte la presa con su familia y la manera en que el acto se realiza: con apetito y posible disfrute. Hecho distinto a lo ocurrido en el otro de los casos, en el cual hasta se muestra un comportamiento acicalador hacia el cachorro victimizado, además de que la consumación del canibalismo no se realiza de igual forma. Acto que parece más bien una secuela de la agresión frenética desplegada hacia los extraños al grupo, pero lejano a la anormalidad mostrada en el primer suceso.

Cabe agregar que la hembra caníbal y una hija suya adulta, frecuentemente acosaban a otra hembra más débil y con parálisis de un brazo, a quien terminaron quitándole y devorando no sólo a uno, sino posiblemente a sus dos críos.

> Probablemente nunca sabremos por qué Passion y Pom se comportaban de esta horripilante manera. Gilka no era su única víctima: Melissa perdió una, posiblemente dos, a manos de las hembras asesinas, y durante los cuatro años que duraron sus depredaciones desaparecieron hasta un total de seis recién nacidos.[31]

La hembra caníbal y dominante tenía un carácter duro y desapegado: "[...] con el paso de los años se había vuelto progresivamente antisocial; los grandes grupos de chimpancés que había reunido en el campamento con los plátanos eran cosa del pasado [...] no tenía amigos [...] con quien su cría Prof pudiese jugar."[32]

Finalmente, conviene citar la siguiente conclusión de Goodall, una de las más prestigiadas autoridades en la investigación de estos primates:

> La violencia intercomunitaria y el canibalismo que se dio en Gombe, sin embargo, eran inéditos [...] De repente vi que bajo ciertas circunstancias pueden ser igual de brutos, que también

---

31 Ibid., p. 41.

32 Ibid., p. 59.

> hay una cara oscura en su naturaleza [...] Los ataques intercomunitarios y el canibalismo eran otro tipo de violencia [...]: Satán, recogiendo con la mano la sangre que perdía Sniff por la barbilla para bebérsela[33]; el viejo Rudolf, tan tranquilo normalmente, lanzando una piedra de unos ocho kilos sobre Godi; Jomeo arrancando un pedazo de piel del muslo de De; Figan atacando y golpeando repetidamente el magullado cuerpo de Goliath, uno de sus héroes de la infancia. Y, quizá lo peor de todo, Passion comiendo la carne del bebé de Gilka, con la boca rebosando sangre como el grotesco vampiro de un cuento infantil [...] Aunque los instintos agresivos del chimpancé son notablemente parecidos a los nuestros, su comprensión del sufrimiento que están infligiendo es considerablemente distinto al nuestro [...] creo que sólo los humanos son capaces de crueldad deliberada, de actuar con la intención de causar dolor y sufrimiento.[34]

V. LOS SENTIMIENTOS Y EL CARÁCTER

En nuestro proceso dinámico natural de vivir, intelecto y emociones –en ágil conjunción— derivan en sentimientos que hacen posible percatarnos de nuestra situación vital propia, para cumplir con dos requisitos *homeostáticos* fundamentales ya mencionados: *prevalecer* y *sobrevivir* como sistemas orgánicos individuales en interacción con su entorno.

---

33 Sobre esto, Fromm, en la perspectiva psicoanalítica, refiere el fenómeno como "un estado pre-individual de existencia [...] la sangre se convierte en la esencia de la vida; verter sangre es sentirse vivir, ser fuerte, ser único, estar por encima de todos los demás". Interesante porque lo afirma en el sentido de cuando el ser humano renuncia a la racionalidad e incurre en violencia que denomina "sed de sangre", retrocede a un estado de existencia animal en el que se libra de la carga de la razón; "El matar en este sentido [...] Es afirmación y trascendencia de la vida en el nivel de la regresión más profunda [...] nivel más arcaico de conexión con la vida". Cf. Fromm, Erich (2010), *El corazón del hombre...*, op cit., pp. 13-15.

34 Goodall, Jane, *A través de la...*op. cit., pp. 54-55 (cursivas mías).

> Los sentimientos nos proporcionan, en cada momento, una perspectiva general sobre el estado de nuestra salud. Los grados de bienestar o malestar son los centinelas de nuestra salud. (...) un panorama completo de la homeostasis debe incluir la aplicación de este concepto [el de los sentimientos] a los sistemas en los que la actuación de las mentes conscientes con capacidad de deliberación pueden interrelacionarse –individualmente o en grupo— con mecanismos reguladores automáticos y crear nuevas formas de regulación vital que tengan el mismo objetivo que la homeostasis básica automatizada, es decir, conseguir estados vitales viables cuya regulación privilegie los equilibrios positivos y tiendan a producir el bienestar.[35]

Hoy día sabemos que los sentimientos existen previamente a las mentes conscientes, pero también que en éstas su presencia es motor de la vida social y las culturas. De ahí que sean básicos en la regulación y conservación del equilibrio vital que nos mantiene como individuos y como especie. En otras palabras: por vía de los sentimientos, tanto los humanos como los animales gestionamos nuestra energía vital para prevalecer y sobrevivir; y es esto un factor que influye decisivamente lo mismo en las interacciones grupales que en la relación con el entorno natural.[36]

Ahora bien, procede observar que la interacción social –rudimentaria o compleja— en consonancia con las demandas homeostáticas referidas en humanos y otras especies gregarias, se construye sobre la base de relaciones de dominación; esto, porque los grupos se integran y permanecen merced a vínculos de cooperación construidos en torno a individuos dominantes, quienes constituyen la garantía de supervivencia del grupo.

En el caso de los primates, como se vio antes, se fraguan alianzas para derrocar al macho dominante una vez que otros individuos desean y luchan por posiciones de poder.[37] E, igualmente, respec-

---

35 Damassio, Antonio, *El extraño orden de las cosas...*, op. cit., pp. 63-64.

36 Idem.

37 Goodall, Jane (1993), *A través de la ventana*...op.cit., pp. 32-33.

to a grupos rivales, las luchas por la dominación llegan a derivar en matanzas sistemáticas que logran acabar con los opositores.[38]

Así pues, para el caso de los primates, que las motivaciones puedan ser territoriales, alimenticias o de tipo sexual no está claro en las investigaciones recientes. Sin embargo, tales sucesos ilustran la capacidad intelectual de conspiración y alianza entre grupos para alcanzar el predominio de unos sobre otros. ¿Agresión defensiva o violencia letal? un dilema no resuelto, pero que de acuerdo con lo visto implica motivaciones de orden no sólo emocional instintivas, sino también ligadas a pasiones radicadas en el carácter. Aún de modo germinal, el caso de los chimpancés ilustra muy bien el origen de sentimientos que sirven de base a construcciones culturales basadas en relaciones de dominación y beneficio para individuos y los grupos de los que son parte.

Es un asunto de instinto gregario, pero también de impulso pasional proveniente de la aptitud de consciencia. De modo que resulta pertinente interrogarnos: ¿acaso la pasión por el poder produce culturas competitivas y explotadoras? ¿se forman así caracteres que trascienden al individuo y se tornan sociales? ¿qué tanto y cómo se transmiten culturalmente? y/o ¿qué tanto por herencia biológica efectiva?

Sirva lo anterior como un planteamiento preliminar sobre el fundamento natural, caracterológico y social de la agresión y la violencia; conviene, ahora, disertar en torno al enfoque epistemológico que nos permitirá seguir avanzando en el abordaje transdisciplinar de nuestro objeto de interés y orientar el avance de nuestro estudio transdisciplinar, con base en nuevas evidencias empíricas, hacia una explicación y mejor entendimiento de la violencia como fenómeno antisocial.

---

38 Mitani, John, Watts David P. & Amsler Sylvia J., "Lethal intergroup aggression leads to territorial expansión…", op. cit.

Capítulo II
La violencia como inclinación a causar daño

I. ADVERTENCIA EPISTEMOLÓGICA SOBRE EL ESTUDIO DE LA INCLINACIÓN INDIVIDUAL A CAUSAR DAÑO; II. INVESTIGACIÓN DE LOS COMPORTAMIENTOS VIOLENTOS, DOMINANTES Y MANIPULADORES; III. ESTUDIOS EMPÍRICOS GUIADOS POR EL PARADIGMA POSITIVISTA DE INVESTIGACIÓN; IV. ESTUDIOS DEL ORIGEN GENÉTICO, NIVELES DE DESARROLLO MORAL Y PERTURBACIÓN DEL COMPORTAMIENTO MALEVOLENTE; V. VÍNCULOS ENTRE LA OBJETIVIDAD Y EL SENTIDO DEL COMPORTAMIENTO MALEVOLENTE; VI. ESTUDIOS GUIADOS POR EL PARADIGMA HERMENÉUTICO DE INVESTIGACIÓN

Ciertamente, los humanos hemos llevado al límite la violencia no impulsiva sino intencional y a menudo indiferente hacia nuestros semejantes. Empero, lejos de justificarlo, es preciso reconocer que una de las fuentes primordiales de conflicto existencial –quizás la de mayor impacto— es la integración dicotómica del ser humano en pasión y razón. La primera, ligada a la conformación del carácter; y la segunda, a la aptitud que posibilita nuestra calidad de seres morales. Somos, sustancialmente, seres sintientes y pensantes de naturaleza social capaces de generar cultura y, con ello, construir lo que entendemos como mundo de la vida, es decir, una realidad artificial de base emotivo-sentimental-cognitivo-racional que nos ha colocado exitosamente en el planeta, pero que también puede encerrarnos en un callejón sin salida.

De manera que reconocer la construcción deliberada de nuestro entorno social no implica desentendernos de nuestra naturaleza, y menos de la confusión en que nos arroja el desprendimiento de ésta debido a la artificialidad. Al contrario, hace necesario observar, cuidadosamente, las aportaciones biológicas a nuestra actual condición humana integrada tanto por lo que genéticamente nos caracteriza, como por nuestra capacidad de interactuar socialmente de manera consciente (ambos rasgos, evolutivamente adquiridos). Conjunción que permite organizarnos de forma moral creando cultura y registro histórico de nuestra existencia, pero en la que precisamos hacer más caso a lo que natural y socialmente *sentimos* y que subyace como fuente motivacional de nuestros actos racionales.

En tal entendido, el propósito en este capítulo es demostrar que es erróneo tomar como base el criterio objetivo de la adaptación social para establecer la normalidad y salud mental de los individuos, es decir, que es necesario modificar nuestros referentes científicos de la normalidad o salud del comportamiento humano.

I. ADVERTENCIA EPISTEMOLÓGICA SOBRE EL ESTUDIO DE LA INCLINACIÓN INDIVIDUAL A CAUSAR DAÑO

La necesidad de entender los comportamientos violentos, dominantes y manipuladores, así como sus motivaciones, ha derivado en múltiples teorías basadas en *paradigmas* de investigación elaborados en función del asunto examinado y según las posturas asumidas sobre lo que se considera científicamente válido.

Así pues, en la historia de la ciencia,[39] encontramos que el conocimiento se genera a partir de fenómenos *observables, objetivos y mensurables*; es lo primero que la mente humana per-

---

[39] Vid. Piaget, Jean y García, Rolando. *Psicogénesis e historia de la ciencia*, 11ª ed., México, Siglo XXI, 2008.

cibe y comienza a procesar reflexiva y empíricamente. De ahí, por ejemplo, que es posible ubicar a la teoría de la verdad "por correspondencia"[40] como una de las más influyentes, porque se basa en la relación entre lo que percibimos –vía nuestros sentidos— y los objetos, a saber: la realidad objetiva, esto es, basada en el estudio de los objetos y los hechos. Es una teoría sobre la verdad obtenida empíricamente.

Por su parte, más complejo resulta de entender la teoría de la verdad "por consenso".[41] Esto, porque –entre otras razo-

---

40 Alfred Tarski. "Verdad y demostración", *Disputatio. Philosophical Research Bulletin Vol. 4, No. 5,* Dic. 2015, pp. 367-396 [en línea], disponible en: *www.disputatio.eu*; Tarski, Alfred. *La concepción semántica de la verdad y los fundamentos de la semántica,* 1966 [en línea], disponible en: *http://serbal.pntic.mec.es/~cmunoz11/tarski.pdf*

41 "[La verdad por correspondencia] nos permite afirmar que "los enunciados son verdaderos, y solo ahora verdaderos, cuando se orientan en el sentido de la realidad o la retratan totalmente, son isomorfos con la realidad, etc.". Pero justamente en esto consistiría su límite; ellos, de hecho, no tendrían en cuenta que "la correspondencia entre los enunciados y la realidad debe, a su vez, ser explicitada mediante enunciados. En definitiva, no podríamos atribuir al término 'realidad' ningún otro sentido que aquello que consideramos implícito en los enunciados verdaderos, relativos a estados de cosas existentes. No podríamos introducir el concepto 'realidad' de modo independiente al término "enunciado verdadero"'. Por tanto -y he aquí el sentido de la teoría consensual de la verdad- "no puedo atribuir un predicado a un objeto, si y solo si, cualquier otro que pudiera entrar en coloquio conmigo atribuirla el mismo predicado al mismo objeto. Para distinguir los enunciados verdaderos de los falsos, yo me baso en el juicio de otros... La condición para la verdad de los enunciados es la adhesión potencial de todo otro": Habermas, Jürgen (1971), "Vorbereitende Bemerkungen zu einer Theorie der kommunikativen Kompetenz", in Habermas-Luhmann, *Theorie der Gesellschaft oder Sozialtechnologie, Suhrkamp Verlag,* Frankfurt, en Belardineli, Sergio (1991), *La teoría consensual de Jürgen* Habermas, Anuario filosófico, p. 117, [en línea], disponible en:

nes— alude a conocimientos surgidos de la realidad subjetiva y/o simbólica, es decir, no palpable "objetivamente" sino existente en el marco simbólico, más que fáctico: de las representaciones o simbolismos compartidos culturalmente. Se trata de investigar el *sentido* de la realidad o, dicho de otra forma, de examinarla en un nivel diferente al de los objetos y los hechos.

Tenemos, entonces, que la realidad se despliega más allá de lo que se nos presenta objetivamente; la verdad por correspondencia *sólo nos muestra una porción* de un entorno más complejo que precisa de la descripción, interpretación, comprensión, explicación y verificación por otros medios. Buscar la verdad por consenso implica investigar lo existente en niveles distintos de realidad, para lo que es indispensable el uso de *paradigmas de investigación alternativos y complementarios* al de la llamada ciencia positiva (productora de verdades con base en objetos y hechos observables y medibles).[42]

Así, los conocimientos obtenidos al estudiar el sentido de la realidad resultan verificables de manera cualitativa más que cuantitativa, pues las verdades son descubiertas desde un puesto de investigación participante, en el cual el investigador no "objetiva"

---

https://dadun.unav.edu/bitstream/10171/2322/1/02.%20Sergio%20Belardinelli.%20La%20Teor%C3%ADa%20Consensual%20de%20La%20Verdad%20de%20J%C3%BCrgen%20Habermas.pdf

42 Sobre los paradigmas de investigación Vid. Enríquez Rubio Hernández, Herlinda (2019), *Investigación científica en el derecho y disciplinas afines. Un proceso epistémico-metodológico riguroso*, México, Porrúa, pp. 41-56; Hernández Cuevas, Maximiliano, (2017), *La investigación argumentada. Bases del discurso en la ciencia y en el derecho*, México, Porrúa, pp.6-21 y 35-45; Enríquez Rubio Hernández, Herlinda y Hernández Cuevas, Maximiliano (2014), *Consideraciones epistémico-metodológicas sobre la investigación de la realidad jurídico-social*, México, Instituto de Investigaciones Jurídicas de la Universidad Autónoma de Chiapas, pp. 57-70, [en línea], disponible en: *www.iij-unach.mx*

la realidad investigada, sino que se asume como parte de ella.[43] Es viable observar que la verdad por consenso atañe a la actividad transdisciplinaria[44] en la cual los hallazgos y argumentos son analizables y debatibles a través de diversos –pero complementarios— enfoques; debates desde donde se "filtra lo que es racionalmente aceptable para todo el mundo."[45] Así, la *aceptabilidad racional* de los juicios mejor sustentados de unos y otros, debatiendo en circunstancias de plena igualdad, se vuelve fundamental: "sirve como sustituto para la referencia ontológica a un mundo objetivo."[46]

Sobre tales aserciones, en lo alusivo al estudio de los comportamientos violentos, dominantes y manipuladores, este trabajo parte de la hipótesis de que el criterio de adaptabilidad social es erróneo para establecer la normalidad y salud mental de una persona en su interacción dentro de la vida en sociedad, dado que existen múltiples individuos notoriamente encubiertos en una vida adaptada y, no pocos, con elevado reconocimiento social, cuyas acciones resultan gravemente antisociales.

De tal forma, el objetivo aquí es lograr una perspectiva integradora como la mejor opción descriptiva, de análisis, interpretación y explicación para demostrar que es erróneo el uso de la adaptación social como criterio válido de normalidad y salud mental; es

---

43 "Comprender lo que se dice precisa participación y no mera observación" Habermas, Jürgen (2008), *Consciencia moral y acción comunicativa*, Madrid, Trotta, p. 37; Habermas, Jürgen (2002), *Teoría de la acción comunicativa*, México, Taurus, pp. 158-169.

44 Cf. Basarab, Nicolescu, *La transdisciplinariedad. Manifiesto* (1996), Ed. Du Rocher; Morín, Edgar (1999), *El método III. El conocimiento del* conocimiento, Madrid, Cátedra; Osorio García, Sergio Néstor (2012), "El pensamiento complejo y la transdisciplinariedad: fenómenos emergentes de una nueva racionalidad", *rev.fac. cienc.econ., Vol. XX (1),* Universidad Militar Nueva Granada, Junio 2012, 269-291.

45 Habermas, Jürgen (2010), *La ética del discurso y la cuestión de la verdad*, 3ª impresión, México, Paidós, p. 84.

46 Ibidem, p. 88.

decir, que es necesario contar con referentes distintos a fin de evitar encubrir la malevolencia social propia de la personalidad, el carácter y motivaciones de los individuos proclives a causar daño (en todo lo que esto implica, desde los efectos de sus acciones nocivas en el círculo íntimo de la convivencia humana, hasta en las diversas esferas de la vida social y del entorno natural).

II. INVESTIGACIÓN DE LOS COMPORTAMIENTOS VIOLENTOS, DOMINANTES Y MANIPULADORES

Las teorías psicológicas tienen una larga trayectoria empírica desarrollada desde hace décadas, básicamente en los Estados Unidos de América, en las que el término personalidad es asumido de manera importante. Sin embargo, al explorarlas encontramos la ausencia notoria del concepto *carácter*, más asociado a la tradición científica de origen europeo. Esto revela dos formas básicas o tradiciones teóricas de abordar el estudio del comportamiento humano:

1ª. La de origen norteamericano, que ubica a la psicología fundamentalmente como ciencia experimental y, por consiguiente, llanamente empírica; lo que hace notorio el desarrollo de sus indagaciones, especialmente orientadas por el *paradigma positivista* de investigación, dado que su interés es describir y explicar *objetivamente* la personalidad y el comportamiento humano.[47]

2ª Por su parte, la tradición de origen europeo, centrada más en una perspectiva psicodinámica, aborda el estudio de la personalidad y del comportamiento sobre un sustento epistemológico diferente al de la llamada ciencia positiva. Así, se

---

47 Vid, Enríquez Rubio Hernández, Herlinda, *Investigación científica en el derecho…*, op. cit., pp. 41-43; Enríquez Rubio Hernández, Herlinda y Hernández Cuevas, Maximiliano (2014), *Consideraciones epistémico-metodológicas sobre la investigación…*, op. cit., p. 64.

reconoce al psicoanálisis como psicología dinámica, la cual, básicamente, trabaja con la guía dada por el *paradigma hermenéutico* de investigación.[48] Ello, porque su interés se centra en la búsqueda del origen de las motivaciones profundas, su significado y orientación del carácter y la personalidad. De esta forma, ambos conceptos son ingredientes primordiales donde, por cierto, el papel del *inconsciente* es central para el examen del comportamiento impulsivo y racional del ser humano.

III. ESTUDIOS EMPÍRICOS GUIADOS POR EL PARADIGMA POSITIVISTA DE INVESTIGACIÓN

Con relación a la primera de las escuelas, esmerada primordialmente en la obtención de datos empíricos de la personalidad –es decir, detectables, registrables y mensurables de manera confiable—, se han producido muchas teorías: unas abocadas al descubrimiento y perfilación de sus rasgos o características, y otras, incluso, al condicionamiento o moldeo experimental de la conducta y actitudes ante la vida.[49]

En particular, una de las más actuales y reconocidas es la teoría de los "cinco grandes factores o rasgos de la personalidad". Basa sus afirmaciones en el análisis factorial, y tiene antecedentes en los trabajos de otra de las muy importantes teorías sobre análisis factorial de la personalidad.[50] Goza de gran acep-

---

48 Ibidem, p. 65.

49 Al respecto, un buen tratado sobre las teorías de la personalidad: CLONINGER, Susan C (2003), *Teorías de la personalidad*, 3ª ed., México, Pearson Educación.

50 La teoría de Raymond Cattell, de minucioso trabajo empírico que describe hasta 16 factores o rasgos de la personalidad, cuyo puntaje arrojado en inventarios que miden los 16 F (Factores), en conjunto, definen el perfil de personalidad de alguien: "los rasgos son unidades de personalidad que tienen valor predictivo [...] definen lo que

tación en la comunidad científica debido tanto a sus antecedentes teóricos,[51] como por su sencillez y eficaz planteamiento y desarrollo: haber analizado el lenguaje cotidiano empleado por la gente para describir la personalidad: "el lenguaje de la vida diaria debería, a lo largo de los siglos, haber llegado a reflejar dimensiones importantes de la personalidad."[52]

Los "Cinco Grandes" han sido explorados varias veces con test de personalidad aplicados a la población norteamericana. Son rasgos útiles para caracterizar y establecer diferencias entre las personas y han tenido varias denominaciones, pero en la actualidad se reconocen las siguientes: *extraversión, afabilidad, rectitud (responsabilidad), neuroticismo (ansiedad) y apertura (a la experiencia, lucidez).* Conviene advertir que esta teoría se interesa en describir estos rasgos, no en explicar sus orígenes. Sin embargo, otros estudios, también teórico-empíricos, sí han puesto el interés en explorar el posible origen genético o ambiental de ciertos rasgos de la personalidad no tan extendidos en la población ordinaria como son los "Cinco Grandes", pero que, no obstante, también tienen presencia entre los comportamientos de las personas comunes.

Estos son los abordajes acerca de la *tríada*, que posteriormente pasó a ser *la tétrada obscura de la personalidad.*[53] Son varios los análisis empíricos que han abordado el tema y cabe decir que, a principios del siglo XXI, el interés prevaleciente estuvo centra-

---

hará una persona cuando se enfrente con una situación determinada [...] existen como determinantes de la conducta", Ibidem, p. 234.

51 Ibidem, pp. 227-250.

52 *Enfoque léxico,* Ibid. p. 251.

53 Delroy Paulhus y Kevin Williams fueron los primeros en integrar la Tríada y, posteriormente, introducir al *Sadismo* como un cuarto rasgo con que formar la *Tétrada.* Sobre ésta, vid. Paulhus, Delroy (2014), "Toward a Taxonomy of Dark Personalities", *Current Directions in Psychological Science, Vol. 23(6),* pp. 421–426, [en línea], disponible en: *cdp.sagepub.com*

do, más que en el origen, en la correlación de estos rasgos con los "Cinco Grandes". Así, primero se buscó, entre población estudiantil universitaria, el grupo de tres rasgos que habían sido previamente estudiados y definidos –por separado— con base en inventarios de personalidad aplicados en muestras norteamericanas de individuos normales y el Manual Diagnóstico y Estadístico de los Trastornos Mentales de la Asociación Americana de Psiquiatría (DSM).[54]

El punto clave del estudio estuvo en que esos rasgos fueron reconocidos y examinados como tríada: el *maquiavelismo*, el *narcisismo* y la *psicopatía*; los dos últimos, *subclínicos* (entendiéndose por "subclínico" la característica de "no patológicos"; es decir, que el nivel de anomalía no es tan pronunciado como el correspondiente a los trastornos de la personalidad del grupo B del DSM).[55]

El énfasis del estudio fue contrastar la triada con los "Cinco Grandes" para detectar diferencias y similitudes, y encontró: a) sólo una correlación común con los "Cinco": en la baja afabilidad; b) que la sustancial sobreestima propia de los narcisistas, podría también ser evidente en el maquiavelismo y la psicopatía subclínica; c) que estos dos últimos están negativamente correlacionados con el rasgo *rectitud* de los "Cinco Grandes"; d) únicamente los psicópatas puntearon bajo en *neuroticismo*, lo cual coincide con que generalmente se les caracteriza como ca-

---

54 Paulhus, Delroy L. and Williams, Kevin M. (2002), "The Dark Triad of personality: Narcissism, Machiavellianism, and psychopathy", *Journal of Research in Personality 36*, USA, Elsevier Science, pp. 556–563.

55 Grupo B o de trastornos de la personalidad, integrado por los siguientes trastornos clínicos: Trastorno antisocial de la personalidad, Trastorno de la personalidad límite, Trastorno de la personalidad histriónica, y Trastorno de la personalidad narcisista, vid. American Psychiatric Association (2014), *Guía de consulta de los criterios diagnósticos del DSM-V*, Chicago , EEUU, American Psychiatric Publishing, A division of American Psychiatric Association, Washington, D.C.-London, England, Traducción: Burg Translations Inc., pp. 363-366.

rentes de ansiedad; e) los narcisistas muestran la mayor sobreestimación de sí mismos, seguidos por los psicópatas; aunque ello es por un fuerte ingrediente de autoengaño, es decir, que tienen poca perspicacia sobre su personalidad; f) la sobreestima de sí mismos de los psicópatas resultó ser novedosa según este estudio; g) en cambio, el maquiavelismo no reveló signos de sobreestima propia, sino mayor ubicación en la realidad respecto a su autoimagen; h) tanto el narcisismo como la psicopatía mostraron contrastes de grandiosidad y poca perspicacia sobre sí mismos; i) la psicopatía, al carecer de ansiedad, muestra ser –entre la tríada— el rasgo más impregnado de capacidad de traición; j) el maquiavelismo y la psicopatía revelaron correlación alta en los niveles de inteligencia no verbal; k) una gran variedad de mediciones predijeron alto comportamiento antisocial sólo en la psicopatía, no así para el maquiavelismo y el narcisismo; l) la conclusión final del estudio es que esta tríada no es normal en la población común, pero existe entre la misma en un nivel considerado subclínico o "no patológico".[56]

En síntesis, el estudio revela que la tríada comparte, en diverso grado, características propias de *personajes socialmente malévolos* con tendencias de comportamiento a la autopromoción, frialdad emocional, poca sinceridad y agresividad.

IV. ESTUDIOS DEL ORIGEN GENÉTICO, NIVELES DE DESARROLLO MORAL Y PERTURBACIÓN DEL COMPORTAMIENTO MALEVOLENTE

Varias investigaciones han examinado a la tríada para: 1). Indagar sobre el origen genético o ambiental de los rasgos de persona-

---

56 Paulhus, Delroy L. and Williams, Kevin M. (2002), "The Dark Triad of personality…", op.cit., pp. 556-563.

lidad, correlacionando los "Cinco Grandes" y la Tríada[57]; 2). Considerar tal origen y el nivel de desarrollo moral de sus individuos[58]; y 3). Examinarla con base en el grupo B del Manual Diagnóstico y Estadístico de los Trastornos Mentales de la Asociación Americana de Psiquiatría (DSM-V).[59] Veámoslas con algún acercamiento.

1). Respecto a la indagación *sobre el origen genético o ambiental* de los rasgos obscuros de la personalidad, el reporte correspondiente dice haberla realizado con 278 pares de gemelos adultos a quienes se les aplicó un cuestionario para medir los "Cinco Grandes" y la Tríada, y se afirma haber encontrado evidencias confirmatorias de estudios previos de correlación entre ambos grupos de rasgos. Es destacable que en gemelos monocigóticos (gemelos idénticos, comparten ADN idéntico) y gemelos dicigóticos (gemelos no idénticos, no comparten ADN idéntico), *se demostró la relevancia de un componente hereditario de moderado a fuerte para el narcisismo y la psicopatía*; en cambio, para *el maquiavelismo, ligeramente hereditario y con una pronunciada influencia del ambiente compartido.*[60] También se concluyó que en el análisis multivariado,

---

57 Vernon, Philip A.; Villani, Vanessa C.; Vickers, Leanne C. and Aitken Harris, Julie (2007), "A behavioral genetic investigation of the Dark Triad and the Big 5", *Personality and Individual Differences 44, (2008),* pp. 445–452, [en línea], disponible en: *https://www.journals.elsevier.com/personality-and-individual-differences* -+

58 Campbell, Jennifer; Aitken Schermer, Julie; Villani C., Vanessa; Nguyen, Brenda; Vickers, Leanne; and Vernon, Philip A. (2009), "A Behavorial Genetic Study of the Dark Triad of Personality and Moral Development", *Twin Research and Human Genetics Volume 12 Number 2* pp. 132–136

59 Vossen, Taylor J.; Coolidge, Frederick L.; Segal, Daniel L. and Muehlenkamp, Jennifer J. (2017), "Exploring the Dark Side: Relationships between the Dark Triad Traits and Cluster B Personality Disorder Features", *J Psychiatry Psychiatric Disord, 1 (6),* pp, 317-326

60 Cf. Vernon, Philip A.; Villani, Vanessa C.; Vickers, Leanne C. and Aitken Harris, Julie (2007), "A behavioral genetic investigation of the Dark Triad and the Big 5", op. cit., pp. 451-452.

la correlación existente entre la Tríada y los "Cinco Grandes" es atribuible, en gran medida, a la influencia de los mismos genes.[61]

2). En cuanto a la *influencia hereditaria y el nivel de desarrollo moral*, se investigó en una muestra de 154 pares de gemelos monocigóticos y 82 pares de gemelos dicigóticos del mismo sexo (todos entre una edad de 18 y 72 años, de los cuales 372 individuos eran mujeres).[62] Los datos arrojados revelaron una correlación positiva de los maquiavelistas y los psicópatas con los niveles bajos de desarrollo moral, y también una correlación negativa de los puntajes de los psicópatas con relación a los niveles de alto desarrollo moral. Las diferencias individuales en *los bajos niveles de desarrollo moral fueron atribuidas a factores hereditarios* y no al ambiente compartido. En cambio, se estableció que *los altos niveles de desarrollo moral no se deben a factores genéticos sino a la influencia ambiental*. Es menester aclarar que el desarrollo moral se refiere a constructos racionales respecto de estándares éticos, empatía, simpatía, habilidad para pensar acerca de dilemas morales y el poseer convicciones fuertes acerca de lo que se considera moralmente correcto o incorrecto.[63]

En esta investigación se tomó como base referencial la conocida teoría del desarrollo moral de Lorenz Kolberg, que establece tres niveles de desarrollo moral: I Preconvencional, II Convencional y III Posconvencional, y dos estadios correspondientes a cada nivel. Esta teoría propone que conforme una persona se desarrolla biológicamente, asimismo, de manera correlativa y si su desarrollo es saludable, progresa en su capacidad moral de descentrarse (salir paulatinamente del egoísmo

---

61 Ibid., p. 451.

62 Campbell, Jennifer; Aitken Schermer, Julie; Villani C., Vanessa; Nguyen, Brenda; Vickers, Leanne; and Vernon, Philip A. (2009), "A Behavorial Genetic Study of the Dark Triad of Personality and Moral Development", op. cit. p. 133.

63 Idem.

natural) y, por consiguiente, de razonar y comportarse con base, primero, en la propia conveniencia y la idea de la reciprocidad, para posteriormente avanzar hacia la solidaridad y pertenencia a los grupos sociales, la obediencia de la ley y, finalmente, hacia la actuación conforme a principios éticos universales más que conforme a normas, sin que esto último implique su desobediencia (en el nivel avanzado de desarrollo moral, la prioridad es vivir conforme al reconocimiento, defensa y práctica de los derechos humanos como referentes éticos universales).[64]

3) En lo tocante al *vínculo entre la Tríada y los trastornos de personalidad patológicos*, la investigación más reciente consignó que los estudios previos sólo habían buscado la correlación con rasgos de personalidad de la población normal, especialmente con los "Cinco Grandes", por lo que era necesario abordar la posible correlación entre la Tríada y los desórdenes psiquiátricos del Grupo B del DSM-V de la American Psychiatric Association (APA).[65]

Sobre tal presupuesto, el análisis se realizó con una muestra de 661 participantes, elegidos entre estudiantes universitarios y personas convocadas digitalmente a través de la agencia "Amazon Mechanical Turk".[66] De entrada, el examen presenta una caracterización del Grupo B como individuos de comportamiento impulsivo y errático, que con frecuencia entran en

---

64 Sobre el tema, por ejemplo, vid. Habermas, Jürgen, *Consciencia moral y acción…*, op. cit, 121-176.

65 Vossen, Taylor J.; Coolidge, Frederick L.; Segal, Daniel L. and Muehlenkamp, Jennifer J. (2017), "Exploring the Dark Side: Relationships between the Dark Triad Traits and Cluster B Personality Disorder…", op.cit.

66 Es un mercado virtual a través del que se puede convocar personas para realizar, por ejemplo, tareas de investigación simples o participación en encuestas, entre muchas más posibilidades de actividades de corte laboral.

conflictos interpersonales y son proclives al dramatismo, la emocionalidad y el desacierto.[67]

Y en lo referente a la Tríada, afirma:

1. Que el alto *maquiavelismo* tiende a ser de nivel clínico (patológico), carente de principios morales y creyente en la manipulación de las personas como la clave del éxito; quienes lo padecen tienen poco sentido moral, por lo que incurren en comportamientos sin ética y, asimismo, piensan que *"si es necesario elegir entre ser temido y ser amado, es preferible lo primero"*.[68] Aunque el maquiavelismo no se correlaciona directamente con el Grupo B, al estar traslapado con los demás rasgos de la Tríada, se estima que podría contribuir a los trastornos del Grupo B, aun cuando esto no está suficientemente claro.

2. El *narcisismo* es caracterizado por una inflación de la autoestima, sentimientos de grandiosidad y necesidad de admiración por parte de los demás; y se apunta que existe una relación de continuidad con el narcisismo patológico del Grupo B, pero, en tanto el narcisismo subclínico es adaptativo a la vida cotidiana, el patológico entra en conflicto con ésta –es disfuncional.

3. *Los individuos psicópatas,* por su parte, son definidos como muy impulsivos, sin empatía ni remordimientos, manipuladores, que experimentan baja ansiedad y se orientan a la búsqueda de emociones fuertes; además, a la psicopatía –entre hombres y mujeres— se le considera un fuerte predictor del trastorno antisocial de la personalidad, aunque

---

67 Vossen, Taylor J.; Coolidge, Frederick L.; Segal, Daniel L. and Muehlenkamp, Jennifer J. (2017), "Exploring the Dark Side: Relationships between the Dark Triad Traits and Cluster B Personality Disorder...", op.cit., p. 318.

68 Idem.

existe consenso en que ambos padecimientos se traslapan[69]. En los hombres, la psicopatía fue el único predictor significativo de Trastorno Límite de la Personalidad del Grupo B (TLP). Para el caso de las mujeres, tanto la psicopatía como el maquiavelismo resultaron predictores significativos de (TLP), pero el maquiavelismo fue el más fuerte.

> El último hallazgo sobre esta mayor contribución del maquiavelismo al TLP en las mujeres fue inesperado, y nuevamente puede reflejar una influencia creciente de la cultura sobre las mujeres en la sociedad occidental, y también puede ser expresión de una agresividad creciente que podemos ver en las mujeres con rasgos de TLP [70].

En algunos trabajos se ha hipotetizado que la psicopatía subclínica se expresa en las mujeres como TLP, mientras que otros defienden que se expresa como Trastorno Histriónico de la Personalidad (THP). Por su lado, el estudio ahora revisado apoya esta última afirmación. Asimismo, que el maquiavelismo tiene una contribución más fuerte que la psicopatía al TLP; además, se encontró al narcisismo como el mayor contribuyente al THP.[71]

Por último, en general para hombres y mujeres, con relación al Trastorno Antisocial de la Personalidad del Grupo B, entre los principales hallazgos se encontró que:

> [...]la psicopatía tenía la asociación más fuerte con el Trastorno Antisocial de la Personalidad TAP (efecto fuerte). El maquiavelismo fue la segunda asociación más fuerte (efecto fuerte), y el narcisismo el tercero (efecto medio). Los análisis de regresión lineal para los hombres revelaron que la psicopatía

---

69 Id.

70 "The latter finding of the contribution of Machiavellianism to BPD in women was unexpected, and again may reflect an increasing influence of culture upon women in Western society, and may also reflect an increasing aggressiveness we may see in women with BPD features." Ibidem, p. 323 (traducción propia).

71 Idem.

> era el único predictor significativo de TAP. Para las mujeres, tanto la psicopatía como el maquiavelismo fueron predictores significativos para TAP, siendo la psicopatía el predictor más fuerte [...] la contribución significativa del maquiavelismo fue inesperada y requiere más investigación.[72]

En igual sentido, en cuanto al narcisismo, el análisis de regresión lineal reveló, tanto en hombres como mujeres, ser el único predictor significativo de Trastorno Histriónico de la Personalidad (THP).[73]

Finalmente, el estudio advierte la limitación de sus resultados puesto que la edad de los individuos de su muestra oscilaba entre los 22 y 30 años. Además, hace mención del agregado a la Tríada –en trabajo posterior de uno de los autores originales del concepto— del rasgo *sadismo*, por lo que ésta se convierte, como vimos antes, en la *Tétrada obscura de la personalidad*.[74]

De forma complementaria, procede agregar algunas observaciones sobre la "Tétrada Obscura" hechas por el autor del concepto:

> a) Este grupo puede ubicarse como *"constelación de la insensibilidad"* (es decir, de la falta de escrúpulos), al que también podrían ser candidatas las personalidades con trastorno límite y la orientada hacia la dominancia social.
>
> b) Todavía así, no cabe verlas como personalidades clínicamente trastornadas, aun cuando sean agresivas y desleales, a menos que se utilice como criterio *la malevolencia social*. Pero, en sí mismos, tales rasgos no deberían considerarse patológicos.
>
> c) Es importante investigar estos "rasgos obscuros", entre otras razones, porque la población normal puede presentar, traslapados, tanto rasgos positivos como obscuros de la personalidad.

---

72 Idem, (traducción propia).

73 Id.

74 Vid. Paulhus, Delroy (2014), "Toward a Taxonomy of Dark Personalities", op. cit.

> d) E igualmente, porque muchos individuos con "rasgos obscuros" a menudo se involucran en actividades policiales, militares, políticas, empresariales y/o de alta influencia social. Personas que llegan a cometer abusos de poder, delitos de cuello blanco y, en general, diversos comportamientos que impactan de modo negativo la vida en sociedad.[75]

Respecto a lo dicho en "b)", es oportuno advertir que tal consideración se hace, quizás, porque las personas con tales rasgos resultan funcionalmente "sanas" en una sociedad en que la agresividad, violencia, manipulación, mentira, explotación e individualismo se han vuelto rasgos normalmente compartidos. En tal circunstancia, *el criterio de malevolencia social resulta apropiado* porque los individuos con tales rasgos sí producen daño en múltiples esferas de la vida social.

V. VÍNCULOS ENTRE LA OBJETIVIDAD Y EL SENTIDO DEL COMPORTAMIENTO MALEVOLENTE

Tras el recorrido panorámico realizado, es pertinente establecer los vínculos entre las indagaciones empíricas revisadas y las enfocadas en la detección de lo que subyace bajo los rasgos de personalidad expuestos, en particular, aquéllos proclives a producir daño (la Tétrada). En esto cobran especial importancia los últimos dos artículos revisados porque examinan la correlación –digamos, la frontera— entre normalidad y patología o, con mayor precisión, entre lo objetivo y lo no tan evidente, respecto a las posibles motivaciones detrás de las personalidades obscuras.

En efecto, procede decir que los análisis de correlación entre los comportamientos malevolentes ("rasgos obscuros") y los trastornos de la personalidad del Grupo B del DSM, se conducen de manera objetiva en tanto describen, con cierta puntuali-

---

[75] Cf. Ibidem., pp. 423-424.

dad, enlaces y límites entre las personalidades que, aún de alta nocividad, no pueden considerarse de trato social extraviado y aquéllas que, de una u otra manera, tienden a perder piso en el mundo de las relaciones humanas. En otros términos, los criterios objetivos en la investigación de la personalidad se mantienen como tales porque sirven para describir y medir características o "formas de ser" manifiestas de los individuos: sus rasgos. Y es posible correlacionar éstos entre sí o con los de otros individuos que padecen trastornos de personalidad, porque estos últimos también han sido descritos y medidos objetivamente en los manuales internacionales de salud mental, entre los cuales los más reconocidos son: 1° La Clasificación Internacional de Enfermedades (CIE-10) de la Organización Mundial de la Salud, y 2° el Manual Diagnóstico y Estadístico de los Trastornos Mentales (DSM) de la Asociación Americana de Psiquiatría.[76]

Ahora bien, estos referentes internacionales –de salud y enfermedad mental— son documentos elaborados por múltiples

---

[76] En una encuesta a 5000 psiquíatras de 44 países del mundo, publicada en 2011, el 70% dijo guiarse en sus diagnósticos por la CIE-10, en tanto un 23% revelaron emplear el DSM-IV. "En Europa, estos datos eran incluso más acusados: más del 80% de unos 2.700 psiquiatras europeos que participaron en la encuesta usaban más la CIE-10, y sólo el 13% usaba más frecuentemente el DSM-IV." Vid. Entrevista a Geoffrey M. Reed, director de la Clasificación de los trastornos mentales y del comportamiento de la Clasificación Internacional de Enfermedades, edición 11 (en proceso de elaboración), Buela-Casal, Gualberto (2012), "CIE-11 O DSM-V ¿Cuál debemos utilizar? Entrevista al director de la Clasificación de los Trastornos Mentales y del Comportamiento de la CIE-11 (OMS)", [en línea], disponible en: *http://www.infocop.es/view_article.asp?id=3848* Por otro lado, en la misma entrevista, Reed afirma: "Según la información que tenemos [existe] una subestimación del grado en que se usa la CIE a nivel global. Ciertamente, el DSM ha sido más usado en la investigación y por lo tanto tiene mayor representación en publicaciones. Sin embargo, encontramos el patrón opuesto en la práctica clínica." Ibidem.

equipos de especialistas que han trabajado en la difícil tarea de mantener criterios objetivos en la descripción de los trastornos de personalidad, al punto que puedan emplearse desde cualquier perspectiva teórica de investigación. Incluso, en la elaboración de la 5ª edición del DSM (DSM-5) se ha introducido un nuevo enfoque teórico de interpretación y diagnóstico de los trastornos de personalidad alternativo al tradicional, vigente, en ese mismo instrumento.[77]

Con relación a ello, vale mencionar que tal óptica representa un importante avance en el abordaje del estudio y comprensión de los trastornos mencionados debido a que propone estudiarlos de una manera integradora; en la cual se reconoce que los padecimientos se traslapan y, por consiguiente, conviene examinarlos en una perspectiva *dimensional* más que categórica, como tradicionalmente se ha llevado a cabo a lo largo de las distintas ediciones del DSM y la CIE-10.[78] Respecto a la diferencia entre lo dimensional y categórico con relación a los trastornos de personalidad, el DSM-5 dice:

> El enfoque diagnóstico utilizado en este manual representa *la perspectiva categorial* de que los trastornos de la personalidad *son síndromes clínicos cualitativamente distintos.* [En cambio] Una alternativa al enfoque categórico es *la perspectiva dimensional* que considera los trastornos de la personalidad *como variaciones desadaptativas de los rasgos de la personalidad, que se mezclan imperceptiblemente con la normalidad y entre ellos.*[79]

---

77 Vid, Asociación Americana de Psiquiatría, *DSM-5* (2014), versión en español, México, Ed. Médica Panamericana. En particular, Sección III: "Modelo alternativo del DSM-5 para los trastornos de la personalidad", pp. 761-781.

78 Los dos documentos internacionales han logrado unificar sus criterios mediante códigos usados para identificar sus respectivas descripciones de cada trastorno, y que son referidos, con reciprocidad, entre uno y otro.

79 Asociación Americana de Psiquiatría, *DSM-5*..., op. cit., p. 646 (cursivas mías).

Esta aportación implica un progreso epistémico notable debido a que, por un lado, aunque se conserva el entendimiento de los trastornos como padecimientos cualitativamente distintos uno de otro, como tradicionalmente se ha efectuado en todas las ediciones del DSM (con miras a no interrumpir la práctica clínica basada en esta noción: enfoque categórico), por el otro lado, en la perspectiva alterna o dimensional, se concibe a los trastornos en *un continuum entre normalidad y patología* dentro de la vida en sociedad.

Para nuestro caso, esto último permite apreciar que la malevolencia social que más arriba adjudicamos a los rasgos obscuros de la personalidad (la Tétrada), es un criterio que ayuda a entender el vínculo imperceptible entre salud y enfermedad dentro de la vida social normal. O, dicho de otra manera, examinar los trastornos de la personalidad como "variaciones desadaptativas" de los rasgos normales –y entremezclados con éstos– significa hacerlo con una perspectiva en que la malevolencia, propia de los rasgos obscuros de la personalidad, se presenta ligada, sutil y progresivamente, a la patología.

De tal forma, el enfoque dimensional introduce 5 dimensiones o rasgos patológicos y los relaciona en calidad de extremos de "los Cinco Grandes", ya que éstos han sido científicamente validados y replicados en múltiples investigaciones. Con esto, es posible reconocer un desarrollo teórico que facilita acercarse a un estudio *dinámico de la personalidad*, cuando la intención es indagar las motivaciones y el sentido de sus rasgos.

Por su parte, la edición 11ª de la CIE, según reporta el director de la misma, organizará sus criterios con base en una perspectiva *multidisciplinaria*,[80] en contraste con la óptica unilateral

---

80 "El Departamento de Salud Mental y Abuso de Sustancias de la OMS ya había mostrado su compromiso para que la revisión de los trastornos mentales y conductuales de la CIE contara con una pers-

obtenida sólo desde la psiquiatría; la cual, aunque se maneja con apertura al conocimiento, continúa necesariamente arraigada en la ciencia médica; por lo que, en no pocas ocasiones, este punto de vista prevalece sobre cualquier otro, como pueden ser: la valoración de la vida, las emociones y sentimientos, con fundamento en contextos morales, comunicativos (a través de la representación lingüística o simbólica, por ejemplo), culturales, históricos, artísticos y, en general, de todos aquéllos propios de la interacción humana dentro del mundo de la vida.

En síntesis, se aprecia que la investigación en torno al establecimiento de los criterios de clasificación, descripción y diagnóstico de los trastornos de la personalidad, en los documentos internacionales mencionados, va progresando hacia una perspectiva científica más abierta a la inclusión de diferentes modelos epistemológicos para examinar e interpretar la enfermedad mental.

VI. ESTUDIOS GUIADOS POR EL PARADIGMA HERMENÉUTICO DE INVESTIGACIÓN

Hasta aquí es donde resulta pertinente el modelo positivista en la indagación de la personalidad. En esto, el canon *objetivo* representado –en el caso que nos ocupa— por la capacidad de adaptación social es insuficiente; se precisa de *criterios alternos a los objetivos* para establecer si la malevolencia de las personalidades obscuras es o no morbosa.

En ello, la tradición de origen europeo en el estudio de la personalidad y el carácter, por medio de la psicología dinámica o psicoanálisis, ha ganado terreno en la indagación de las motivaciones ocultas del comportamiento (eminentemente por medio del modelo hermenéutico de investigación); privilegiando

---

pectiva multidisciplinar", Buela-Casal, Gualberto (2012), "CIE-11 O DSM-V ¿Cuál debemos utilizar? Entrevista...", op. cit.

en esto *el concepto clave de energía*, útil para entender y examinar la integración y funcionamiento de la mente humana:

> [...] se refiere a fuerzas psíquicas, visibles sólo mediante sus manifestaciones, que tienen cierta intensidad y cierta dirección. Esta energía envuelve, unifica y mantiene unido al individuo dentro de sí mismo así como al individuo en sus relaciones con el mundo exterior. El punto esencial [...] *es el concepto dinámico de la conducta humana*; es decir, el supuesto de que motivan la conducta fuerzas altamente cargadas, y que la conducta sólo puede comprenderse y preverse conociendo esas fuerzas. [81]

Es importante subrayar que se pueden tener múltiples ideas sobre lo que tendría que entenderse sobre el origen y procesamiento de la energía mencionada, que bien puede aludir a la energía vital en general –no sólo la libido o energía sexual freudiana— o a la empleada por un individuo para conducirse, deliberada o inconscientemente, en su modo de vida y relación con los demás. Lo fundamental en esta perspectiva, es partir de que el individuo emplea energía en cada una de las acciones de su vida y en la motivación de las mismas. Manejo energético que afecta su forma de sentir, ver y comportarse en el mundo.[82]

---

[81] Fromm, Erich (2010), *El corazón del hombre. Su potencia para el bien y para el mal*, 20ª reimpresión, México, Fondo de Cultura Económica, p. 33.

[82] Al respecto, es interesante el avance en neurociencia sobre el estudio del sistema nervioso y su fisiología, en particular de las emociones y los sentimientos, donde se ubica al concepto de homeostasis más allá del biológicamente tradicional, reconociendo la importancia de la energía en procesos vitales en general y psíquicos en particular: la esencia de la homeostasis –tanto en los organismos unicelulares como pluricelulares—es la *gestión de energía*: obtenerla y asignarla a tareas básicas como la reparación, la defensa, el crecimiento, la procreación y el mantenimiento de la descendencia [...] la escala de esta tarea es tan grande que sus efectos pueden comenzar en un nivel inferior de la fisiología y manifestarse en los niveles superiores de esa función, a saber la cognición." Damasio, Antonio,

En cuanto a esto, es oportuno observar que en la teoría psicoanalítica –entre otras— existe la diferenciación de temperamento, carácter y personalidad. Temperamento y carácter son considerados partes esenciales de la personalidad. El primero, más ligado a la herencia de las disposiciones innatas de reacción ante los estímulos del ambiente, en particular, la intensidad, el ritmo y los umbrales de las respuestas afectivas; y por su parte, el carácter se refiere a la organización dinámica de los patrones de comportamiento que refleja el grado general y el nivel de organización de tales patrones.[83] Así, la personalidad puede considerarse como la integración dinámica de todos los patrones de comportamiento ligados al temperamento, el carácter, el sistema de valores internalizado y la capacidad cognitiva. Asimismo, el inconsciente y la identificación constituyen el sistema de motivación dominante y potencialmente conflictivo de la personalidad.[84]

No obstante, tales precisiones, conviene advertir que en la tradición psicoanalítica el estudio del carácter cobra un papel fundamental. Y cabe decir que su manejo es similar al que la escuela norteamericana hace de los "rasgos"; de tal forma, lo que en esta última se denomina, por ejemplo, "rasgo narcisista", en la perspectiva de la psicología dinámica se le llama "carácter narcisista". Pero a pesar de la equiparación, el abordaje varía, pues en tanto en el primer caso es de tipo descriptivo, en el segundo se efectúa otro tanto, pero, además, se analizan las motivaciones o dinamismo del carácter.

El extraño orden de las cosas. La vida, los sentimientos y la creación de las culturas, (2018), Destino, Vol. 287, p. 29 (cursivas mías).

83 Kernberg, Otto, (2004), "Agressivity, narcissism and self-destructiveness in the psychotherapeutic relationship: New developments in the psychology and psychotherapy of severe personality disorders", *New Haven, CT: Yale University Press,* New Haven and London, pp. 6-8.

84 Ibidem., pp. 7-8.

Sobre tal entendido, es pertinente recordar que en psicoanálisis también se parte de que el carácter es el núcleo de las motivaciones de una persona, pues organiza la energía psíquica que ésta emplea para la consecución de sus fines dominantes.[85] Y esto lo consigue por medio de *las pasiones*, o afanes que forman la base de sus patrones de comportamiento, es decir, la raíz de su carácter específico.

Así pues, a partir de este marco conceptual, comencemos por exponer el estudio del *carácter narcisista*, uno de los tres rasgos obscuros de la personalidad, ahora desde una perspectiva psicodinámica. Primeramente, procede decir que el narcisismo es concebido como una respuesta evolutiva natural. Dado que en el ser humano el comportamiento de origen instintivo ha cedido lugar al de carácter consciente, el narcisismo, al igual que otros tipos de caracteres, es una compensación a la pérdida. Rigurosamente, representa una respuesta natural para la supervivencia del individuo en su estado consciente de naturaleza.[86]

De tal forma, el narcisismo original es denominado "narcisismo primario", y es inherente a todo ser humano desde su nacimiento, es un recurso adaptativo de supervivencia. En tal sentido, no es concebible un individuo que no busque el autocuidado centrando su atención en sí mismo. Pero este narcisismo de supervivencia, en condiciones de salud mental, no prevalece como centro dinámico del carácter en una persona, sólo le ayuda a sobrevivir. Se le denomina narcisismo *óptimo*, útil al individuo en su interacción con los demás, le sirve para hacerse valer, pero permite la colaboración. Este narcisismo trasciende al individuo y le permite convivir; "se conserva la energía narcisista, pero se usa en interés de la supervivencia

---

85 Cf. Fromm, Erich (1985), *Anatomía de la destructividad humana*, México, S. XXI, p. 255.

86 Cf. Fromm, Erich, *El corazón del...*, op.cit., p. 37.

del grupo y no de la supervivencia del individuo."[87] En el extremo patológico, en cambio, el narcisismo es *máximo*, deforma el juicio racional en su forma más peligrosa y obstruye las posibilidades de actuar o adaptarse a la convivencia.

> Cómo puede reconocerse a la persona narcisista? Hay un tipo que es fácilmente identificable. Es el tipo de individuo que presenta todas las señales de satisfacción de sí mismo; puede advertirse que cuando dice unas palabras triviales cree que está diciendo algo de suma importancia. Por lo general no escucha lo que dicen los demás, ni se interesa realmente. (Si es inteligente, procurará ocultar ese hecho haciendo preguntas y fingiendo parecer interesado.) En muchos casos, la orientación narcisista puede ocultarse detrás de una actitud de modestia y humildad; no es raro, realmente, que la orientación narcisista de un individuo tome su humildad como objeto de su autoadmiración.[88]

El peligro del carácter narcisista estriba en su sensibilidad a toda crítica. Debido a que tiene un marcado *desinterés en la opinión y, en general, en la vida de los demás*, suele ser refractario a otros puntos de vista. Su reacción emocional a la crítica llega a ser hostil y puede desencadenar un comportamiento iracundo. Esto se entiende por su falta de relación genuina con el mundo, pues "el mundo es él". Si se tiene en cuenta esto, es entendible que cualquier ataque a su auto imagen inflada representa una amenaza a toda su existencia; entonces, siente temor, y éste se encubre y da por resultado una ardiente furia. "Esta furia es sumamente intensa porque no puede hacer nada para disminuir la amenaza mediante una acción adecuada; sólo la destrucción del crítico —o de uno mismo— puede salvarlo de la amenaza a su seguridad narcisista."[89] Por otra parte, el carácter narcisista, cuando tiene una posición de poder, suele enfocar sus afanes

---

87 Ibidem, p. 38.

88 Ibid., p. 36.

89 Ibid., p. 39.

en transformar la realidad a su forma de ver el mundo; se esfuerza por hacer de éste una extensión de sí mismo. [90]

Dentro de la vida común y corriente, es importante distinguir el narcisismo *benigno* del narcisismo *maligno.* El primero está asociado a personas que hacen de su trabajo, o del resultado de un esfuerzo personal, un compromiso para consigo mismos y, aunque la energía empleada en ello es narcisista, se equilibra constantemente por su interés en el proceso del trabajo y en el material con que trabaja (sean labores de carpintería, científicas, artísticas, mecánicas, de ingeniería, etc.); "el mismo hecho de que el trabajo haga necesario relacionarse con la realidad, frena constantemente el narcisismo y lo mantiene dentro de límites. Este mecanismo puede explicar por qué encontramos tantos individuos narcisistas que al mismo tiempo son altamente creadores."[91]

En el *narcisismo maligno* no hay trabajo ni obra, el objeto que mueve su energía no es la producción de algo, sino es lo que se tiene: su cuerpo, apariencia, riqueza o salud, por ejemplo. Mientras que en el narcisismo benigno el individuo siente que "es grande por lo que hace", en el narcisismo maligno es "grande por *lo que tiene*". Y como no existe posibilidad de limitar esa energía psíquica por algún proceso de generar una obra, el

---

90 Idem. Hay más ejemplos en la historia de líderes megalomaníacos que se "curaron" el narcisismo transformando el mundo para ajustarlo a él; estos individuos tienen también que tratar de destruir a todos los críticos, ya que no pueden tolerar la amenaza que constituye para ellos la voz de la cordura. Desde Calígula y Nerón hasta Stalin y Hitler, vemos que su necesidad de encontrar creyentes, de transformar la realidad para que se ajustara a su narcisismo, y de destruir a todos los críticos, es tan intensa y desesperada precisamente porque es un intento para evitar el estallido de la locura. Paradójicamente, el factor de demencia que hay en esos líderes también les hace tener éxito. Les da la certidumbre y el sentirse libres de toda duda, que tan fuertemente impresiona al individuo ordinario. Idem.

91 Cf. Id.

narcicismo maligno, sin límites, se torna agresivo y xenófobo. "Quien aprendió a hacer cosas no puede menos de reconocer que otros han hecho cosas parecidas de maneras parecidas, aun cuando su narcisismo pueda persuadirle de que su logro es mayor que el de los otros. Quien no ha hecho nada encontrará difícil apreciar los logros de otros, y así se verá obligado a aislarse cada vez más en su esplendor narcisista."[92]

> El síndrome de narcisismo maligno es intermedio entre el trastorno narcisista de la personalidad y el trastorno antisocial de la personalidad propiamente, en el cual existe una total ausencia o deterioro de las funciones del super yo [93] (El super yo o superego es la censura –o límites normativos— impuesta culturalmente, primero, a través de la figura de los padres y después de la autoridad).

Algo que es menester añadir a lo precedente, atañe a las motivaciones del carácter narcisista o de cualquier otro tipo. Es decir, la energía psíquica empleada para la consecución de los fines de un individuo se utiliza de acuerdo con *las pasiones*, o afanes que están en la base o raíz de un carácter específico. En el carácter narcisista, la pasión centrada en la persona misma, su obra o la extensión de ésta. En el carácter sádico, en la pasión por explotar a los demás; en la psicopatía, por el control, la omnipotencia y la destrucción. Digamos que las pasiones se arraigan en el carácter de modo inconsciente y, en el mismo sentido, son modeladas por procesos de identificación.

> Distintas condiciones han sido relacionadas con la psicopatía: madres débiles, deprimidas o masoquistas, padres explosivos, inconsistentes o sádicos, alcoholismo y otras adicciones, mudanzas frecuentes, pérdidas y rupturas familiares. La autora considera que en estas circunstancias es casi imposible que se desarrolle con normalidad la confianza en los sentimientos de

---

92 Idem.

93 Kernberg, Otto (2004), "Agressivity, narcissism and self-destructiveness...", op.cit. p. 20 (Traducción propia).

> omnipotencia temprana y en el poder de los otros. Esto podría impulsar al niño a dedicar el resto de su vida a buscar *los sentimientos de omnipotencia.* [...]Otro rasgo de la experiencia del self [el yo] en el paciente psicopático que merece atención es la envidia primitiva, *el deseo de destruir* lo que uno más desea [...] Aunque la gente antisocial raramente reconoce la envidia, muchos de sus comportamientos la demuestran: "Uno probablemente no puede crecer incapaz de amar sin saber que hay algo ahí fuera que otra gente disfruta y de lo que uno carece". La devaluación y desprecio de cualquier manifestación de ternura en la vida humana caracteriza a la gente psicopática; algunos psicópatas psicóticos matan precisamente lo que los atrae. [94]

Pero las pasiones no se presentan solas, sino como síndromes. En el caso que nos ocupa, como síndromes "contrarios a la vida": el sadomasoquismo, la destructividad, la voracidad, el narcisismo, van juntos y tienen una misma orientación básica. En el caso opuesto están el amor, la solidaridad, la justicia, y la razón: "síndrome a favor de la vida".[95] En las personas normales –según el enfoque psicodinámico— tales síndromes se comparten, por lo que nadie podría verse totalmente gobernado por pasiones en contra de la vida o totalmente a favor de ésta, sin presentar contradicciones. El núcleo de esto es que tales pasiones, expresadas como síndromes, conforman el carácter de las personas; esto es, impulsan, motivan la dirección en que se ejerce la energía psíquica orientada a fines.

De tal forma, en lo que corresponde al *carácter sádico* (o "sadismo de la Tétrada"), encontramos que su motivación básica es la explotación, la pasión de poder absoluto e irrestricto sobre un ser vivo, no importa si es humano o no. El humillar y menos-

---

94 De Celis Sierra, Mónica (2014), "Personalidades psicopáticas (antisociales)Mc Williams N. Diagnóstico psicoanalítico. Comprendiendo la estructura de la personalidad en el proceso clínico", *Aperturas psicoanalíticas. Revista internacional de psicoanálisis, Núm. 047,* pp. 4-6 (cursivas mías).

95 Cf. Fromm, Erich, Anatomía de la destructividad humana..., op. cit., p.258.

cabar a otros, mandar sobre sus vidas, es el centro de su dinámica, y aun cuando en algunos casos pudiera parecer que alguien –en posición sumisa— necesita ser guiado para su beneficio, esto no basta ni justifica el proceder de quien posee un carácter o rasgo sádico. De ahí su malevolencia y ubicación negativa.

El sadismo es una solución al problema de vivir sin productividad y alegría; es transformación de impotencia en omnipotencia: la religión de los lisiados psíquicos; necesita el dominio de otro, aunque desprecia y domina a indefensos que no pueden enfrentarlo. En realidad, el carácter sádico es complementario con el masoquista debido a la diada dominio-sumisión; por esto, con mayor propiedad, se le reconoce como carácter sadomasoquista; no obstante, también se le atribuye, desde un punto de vista político, el apelativo de "carácter autoritario".[96]

> Otro elemento del síndrome es la sumisión y cobardía del sádico, Puede parecer una contradicción que el sádico sea sumiso, pero no lo es...dinámicamente hablando es necesario que así sea. Es sádico porque se siente impotente, sin vida ni poder. Compensa este defecto teniendo poder sobre otros [...] podrá matar o torturar, pero no deja por eso de ser una persona sin amor aislada y asustada, que necesita un poder superior al que someterse. Para los que estaban un escalón más debajo de Hitler, el poder máximo era el Fürer; para el propio Hitler, era el Destino, las leyes de la Evolución.[97]

Por su lado, habría que considerar qué tanto se puede asociar la "constelación de la insensibilidad" –los rasgos de la Tétrada— con el "Carácter necrófilo" descrito en la línea psicodinámica aquí seguida. Esto, porque la clasificación de la Tétrada proviene de estudios empíricos que han asumido terminología proveniente básicamente del psicoanálisis. Y como puede advertirse, los criterios psicodinámicos expuestos tienen mucha fuerza ex-

---

96 Cf. Ibidem, p. 292, 294.

97 Ibid., pp. 293.

plicativa, aun sin que se haya abundado en análisis especialmente relacionados con el maquiavelismo o, incluso, la psicopatía –acerca de los cuales se requiere mayor trabajo psicoanalítico.

Así, en el *carácter necrófilo* predomina "*la atracción apasionada por todo lo muerto, corrompido, pútrido y enfermizo; es la pasión de transformar lo viviente en algo no vivo, de destruir por destruir, y el interés exclusivo por todo lo puramente mecánico. Es la pasión de destrozar las estructuras vivas*"[98]

Al respecto, en el análisis se exploran los sueños y vidas de personajes con tendencias hacia la necrofilia, es decir: la inclinación a interesarse en objetos sin vida, materia putrefacta, máquinas, muerte y enfermedades, sobre lo cual la animación y excitación se apodera de los individuos a la mención de estos aspectos. Su interés por leer obituarios, asistir a salas de velación y cementerios; la forma de comportarse en una conversación –que puede ser rígida y fría—, la glorificación de la guerra, el aniquilamiento de la cultura, el odio a las mujeres, el gusto por la velocidad y las máquinas. En síntesis, un conjunto fuertemente simbólico de alejamiento de aquello que representa generación y sostén de la vida.

> La muerte ya no se expresa simbólicamente por heces y cadáveres malolientes. Sus símbolos son ahora máquinas limpias y brillantes; no atraen a los hombres las deposiciones olorosas sino las estructuras de aluminio y vidrio. Pero la realidad que oculta esta fachada antiséptica se hace cada vez más visible. El hombre, en nombre del progreso, está transformando el mundo en un lugar pestilente y envenenado [...] los fenómenos que despiertan tanta indignación –drogadicción, crimen, decadencia cultural y espiritual, desprecio de los valores éticos genuinos— están relacionados todos con la creciente atracción de la muerte y la suciedad. ¿Cómo puede uno esperar que los jóvenes, los pobres y los que no tienen esperanza no se sientan atraídos por la decadencia cuando la promueven los que dirigen el curso de la sociedad contemporánea?[99]

---

98 Ibid. p. 330.

99 Ibid., pp. 348-349.

No sin razón, la explicación psicodinámica advierte la orientación de la humanidad hacia sociedades que organizan la vida en torno al dinero, la violencia y la banalidad. El que seamos gobernados, principalmente, por personalidades apasionadas en la lucha y conquista del poder por el poder mismo, nos ubica dentro de un contexto de normalidad enfermiza en que lo patológico se llega a admirar y genera prestigio. ¿Con qué criterios, objetivos o no, habríamos de medir o dar cuenta de los integrantes de una sociedad así y afirmar que gozan de salud?

Ciertamente, para resolver tal interrogante, ayuda mucho *el criterio de los síndromes* "a favor de la vida" y "en contra de la vida", propuesto desde esta orientación psicoanalítica, el cual va más allá de criterios objetivos de uso limitado y cuestionable, como el del comportamiento adaptativo. Esta clasificación de los síndromes, en apariencia más ética que científica, no resulta descabellada si se toma en cuenta el objeto y razón de la existencia humana y toda su producción, incluida, por supuesto, la que se refiere a la tarea de la ciencia: el hacer que la vida en el planeta florezca en todo su esplendor y posibilidades, por mediación del potencial que da la consciencia y espiritualidad propias de nuestra especie. En tal sentido, el humanismo, la ética y el saber científico son inseparables.

Capítulo III
La dimensión fáctico-simbólica de la violencia y el poder

I. LA VIOLENCIA COMO FENÓMENO INTERSUBJETIVO; II. LA DOMINACIÓN: UN INGREDIENTE NATURAL DE LA VIDA; III. LA DOMINACIÓN/AGRESIÓN SE TRANSMUTA EN PODER/VIOLENCIA; IV. UNA ESPECIE QUE REPRESENTA LA LÍNEA EVOLUTIVA MÁS AVANZADA DE LA VIDA Y SU DICOTOMÍA AGRESIÓN-VIOLENCIA; V. CULTURA Y CARÁCTER SOCIAL VIOLENTOS: DE CÓMO LA CULTURA SE GENERA A PARTIR DE LOS SENTIMIENTOS Y LAS PASIONES HUMANAS; VI. EMOTIVIDAD Y SENTIMIENTOS EN LA CULTURA; VII. CARÁCTER SOCIAL, AUTORIDAD Y PODER EN LA VIOLENCIA CULTURAL; VIII. EL CARÁCTER COMO SISTEMA; IX. LA CULTURA COMO ORIGEN Y RESULTADO DEL CARÁCTER; X. CARÁCTER Y CULTURA DIMENSIONAL

Tras haber examinado a la violencia en su dimensión subjetiva como propensión individual a inferir daño, corresponde ahora, en esta sección, hacer un análisis de su manifestación social –tanto en lo fáctico como en lo simbólico— desde la perspectiva del *paradigma de la complejidad*, para fortalecer con ello una de las ideas fundamentales que motivan este análisis, a saber: que *cualquier forma de violencia es motivada por afanes de supremacía.*

Poder avanzar en tal orientación, implica contribuir a arrojar mayor luz acerca de los principios involucrados en la conformación de la naturaleza y condición humanas. Y aunque la pretensión de este trabajo es mucho más modesta, estimo que puede servir para poner atención en éstos, a fin de proyectar la vida en sociedad hacia escenarios en los cuales prevalezca un mayor equilibrio entre la razón, las emociones y los sentimientos, por encima de la opresión de unos individuos o grupos a otros.

Así pues, a favor de la claridad conceptual en el objeto de esta sección, considero conveniente añadir que el paradigma de la complejidad es un modelo de investigación producto de la evolución científica en la tarea de indagar la realidad *más allá* de lo que concierne a su medición y experimentación. Implica concebirla desde el principio *holo (gramático/escópico/nómico)*, es decir, en sus tres modalidades:

1. *La modalidad hologramática* en la que el todo en cierto modo está inscrito/engramado en la parte que está inscrita en el todo.
    a) Las partes pueden ser singulares u originales al mismo tiempo que disponen de los caracteres generales y genéricos de la organización del todo;
    b) las partes pueden estar dotadas de relativa autonomía;
    c) pueden establecer comunicaciones entre sí y efectuar intercambios organizadores;
    d) pueden ser eventualmente capaces de regenerar el todo.
2. *La modalidad holoscópica* que realiza la representación global de un fenómeno o de una situación.
3. *La modalidad holonómica* en la que el todo, en tanto que todo, gobierna las actividades parciales/locales que lo gobiernan[100] (por ejemplo, en el caso del cerebro, en tanto que todo gobierna las reuniones de neuronas que, a su vez, lo gobiernan).

Como se aprecia, en estas tres modalidades del principio citado, la realidad alude a "un todo" concebido sistémicamente. Sin embargo, resulta imprescindible reconocer que *el todo* está circunscrito siempre a lo que somos capaces de percibir e imaginar como seres conscientes de la realidad en que estamos in-

---

[100] Cf. Morin, Edgar (1999), *El Método. El conocimiento del conocimiento,* Cátedra, S. A. Madrid, pp. 113-115.

mersos, tratamos de entender, darle explicación, y a la que también afectamos sea modificándola o, de plano, construyéndola.

Así que, sobre tan importante limitación epistémica, al estudiar la violencia humana podemos preguntar lo siguiente, otra vez, en términos de Morín[101]: "¿Es la sociedad el ecosistema del individuo o es éste el constituyente perecedero y renovable del sistema social? ¿Es la especie humana suprasistema o es *el* sistema?". A partir de tales interrogantes, el impulsor de este paradigma ilustra cómo el examen del objeto –en nuestro caso la violencia— precisa una construcción teórica *compleja* de un sistema en que sus elementos son, simultáneamente, concurrentes, antagónicos y complementarios, y en la cual el observador y conceptualizador juega una activa participación.

> El sistemaa requiere un sujeto que lo aísla en el bullicio polisistémico, lo recorta, lo califica, lo jerarquiza. No sólo remite a la realidad física en lo que ésta tiene de irreductible al espíritu humano, sino también a las estructuras de este espíritu humano, a los intereses selectivos del observador/sujeto, y al contexto cultural y social del conocimiento científico.[102]

Así pues, estudiar la violencia desde la complejidad implica, asimismo, basarse en otros dos principios: 1). Un principio de incertidumbre, en cuanto a la determinación del sistema en su contexto y su complejo polisistémico, y 2) Un principio de arte, "porque la sensibilidad del sistemista [el observador y conceptualizador] será como la del oído musical para percibir competencias, simbiosis, interferencias, encabalgamiento de temas en el mismo flujo sinfónico".[103]

---

101 Morin, Edgar (1977), *El Método I,* Multiversidad. Mundo Real. Edgar Morin. Una visión Integradora- Cátedra UNESCO, p. 167. disponible en: *http://www.edgarmorinmultiversidad.org/index.php/libros-sin-costo/81-edgar-morin-el-metodo-i.html*

102 Idem.

103 Cf. Ibidem, pp. 167-168.

Como puede verse, el empleo del paradigma mencionado –aquí, para estudiar la violencia— implica la subjetividad y objetividad entrelazadas: es el reto que el investigador asume con este modelo que, lejos de la concepción "aséptica", "imparcial", "objetivante", propia del paradigma positivista, apela a la intervención analítica pero también sensible del sujeto que indaga. De modo que, como se ha podido observar a lo largo de la primera parte, la discusión entablada en el terreno de la ciencia también se ha procurado realizar con la sensibilidad que es necesario poseer, precisamente, cuando se revisan cuestiones humanas y de humanidad.

I. LA VIOLENCIA COMO FENÓMENO INTERSUBJETIVO

Realizadas las necesarias especificaciones sobre el paradigma de investigación que rige este desarrollo, es pertinente –además— advertir que *la violencia*, en calidad de objeto de estudio, es conceptualmente considerada aquí, en primer término, *casi* una producción en exclusiva humana proveniente de la interacción y relaciones sociales de los individuos y grupos de nuestra especie. Y se plantea en condición de "casi", debido a que también se manifiesta rudimentaria, pero contundentemente, en homínidos muy cercanos a nosotros, como son los chimpancés.[104]

Por consiguiente, como constructo, la violencia emana de la toma de consciencia de nuestra especie (en conjugación con las emociones y los sentimientos que inevitablemente la acompañan) acerca de su necesidad de dominar el ambiente para sobrevivir y prevalecer. Más específicamente: *la aptitud de consciencia y sus nexos emotivo-sentimentales de dominación*, es lo

---

104 Al respecto, vid. Hernández Cuevas, Maximiliano (2021), "La Agresión y la Violencia como Experiencias Subjetivas", INACIPE, Revista Mexicana de Ciencias Penales, Núm. 15, septiembre-diciembre 2021, pp. 196-212.

que *transforma comportamientos agresivos en violencia* como parte de un proceso en el cual la constitución biológica humana es arrancada progresivamente de la instintividad.

Advertimos, entonces, que el comportamiento violento es producto de una existencia consciente lanzada al conflicto por la pérdida de los instintos y, en cambio, sujeta a las emociones primigenias y a las pasiones –éstas, intersubjetivamente adquiridas— que fundamentan el carácter individual y/o social,[105] acompañadas, unas y otras, por la capacidad de cálculo sobre los riesgos y beneficios de dominar o someterse a los demás.[106]

---

105 Sobre las emociones básicas y las pasiones, vid. Ibidem. Asimismo, respecto de la conflictiva resultante de la pérdida de la instintividad, vid. Fromm, Erich (2003), *El Arte de amar,* Paidós Contextos, Barcelona, pp. 21-22.

106 Aun en las situaciones del comportamiento agresivo en los animales, existe la posibilidad de considerar el costo/beneficio como recurso adaptativo (no consciente) en una misma especie, cuando sus individuos entran en conflicto y dan exhibiciones de agresividad dentro de su colectivo intraespecífico. Esta es una propuesta destacada entre los etólogos: "Frente al mecanismo de selección de grupo [Maynard Smith, en 1974], propuso un modelo de selección a nivel individual, basado en la teoría de juegos, en el que las estrategias de comportamiento exhibidas por los animales son el resultado del balance entre los costes y los beneficios de cada contexto. El mantenimiento de una estrategia de comportamiento a nivel poblacional resultaría de su estabilidad evolutiva frente al desarrollo de cualquier otra estrategia alternativa dependiendo su éxito de las estrategias adoptadas por el resto de los miembros de la población", Fernández Montraveta, C. y Ortega, J. (1990), "Evolución del comportamiento animal en situaciones de conflicto" Madrid, Revista de Psicología General y Aplicada, 43 (3), pp. 327-330.

II. LA DOMINACIÓN: UN INGREDIENTE NATURAL DE LA VIDA

Tras estas consideraciones preliminares, podemos pasar a la reflexión respecto de la mencionada necesidad de dominar el entorno, la cual se hace consciente en los humanos y conduce a las relaciones de poder. Con tal aserción, se pone de manifiesto el origen natural del comportamiento dominante, el cual es propio de la vida y obedece al principio de selección natural descubierto y enunciado por Darwin en el siglo XIX: "he denominado este principio, por el cual toda variación, no importa lo ligera que aparezca, se conserva si es de utilidad a los individuos, el principio de selección natural".[107]

> [...] en toda la Naturaleza, las formas orgánicas que *dominan* tienden a predominar más dejando numerosos descendientes modificados y preponderantes. Pero asimismo, los géneros mayores [...] muestran propensión a distribuirse, a repartirse en géneros menores. Y de este modo es como, en todo el Universo, resultan las formas de vida divididas en grupos subordinados a grupos.[108]

En efecto, si algo es evidente en los seres vivos es su lucha por pervivir adaptándose evolutivamente a los constantes cambios del ambiente; lo consiguen merced a un proceso de selección natural en el que los más aptos conservan la vida como integrantes de una especie determinada: significa que son los más adaptados, y no necesariamente los más fuertes, quienes resultan seleccionados y logran sobrevivir ante las modificaciones de su entorno.[109]

---

[107] Darwin, Charles, *El origen de las especies* (2007), Éxodo, México, p. 110 (publicado originalmente en 1859). (cursivas mías)

[108] Ibidem, p. 107

[109] "La ecología del comportamiento parte de la premisa de que el éxito de un individuo en sobrevivir y reproducirse depende, en gran parte, de su comportamiento. Así, los individuos más eficientes en buscar alimentos, evitar predadores, aparearse o alimentar y defender sus crías sobreviven mejor, se reproducen más exitosamente y

Ahora bien, en la actualidad, se ha progresado significativamente al explicar con mayor detalle de qué manera acontece y cuál es el impulso básico de la selección natural, gracias al trabajo de Damassio sobre la homeostasis como otro principio involucrado en la pujanza evolutiva de la vida. Así, es la naturaleza cambiante quien exige *competencias* a las especies para perdurar, en función de un *imperativo homeostático*:

> La homeostasis es el poderoso imperativo, carente de reflexión o expresión, que permite a cualquier organismo vivo, pequeño o grande, resistir y prevalecer. La parte del imperativo homeostático que se refiere a la «resistencia» es claro: produce la supervivencia y se da por hecho sin ninguna referencia ni reverencia específicas cuando se considera la evolución de cualquier organismo o especie. La parte del imperativo homeostático que se refiere a «prevalencia» es más sutil y rara vez se reconoce. Asegura que *la vida se regule dentro de manera que no solo sea compatible con la supervivencia, sino que contribuya también a la prosperidad, a una proyección de la vida hacia el futuro de un organismo o una especie*. La homeostasis ha guiado, de manera inconsciente y no reflexiva, sin designio previo, la selección de estructuras y mecanismos biológicos capaces no solo de mantener la vida, sino también de fomentar la evolución de todas las especies que existen en las diversas ramas del árbol evolutivo. Esta concepción de la homeostasis, que se ajusta muy estrictamente a la evidencia física, química y biológica, es notablemente diferente de la concepción convencional y limitada de homeostasis, que se ciñe exclusivamente a la regulación «equilibrada» de los procesos vitales.[110]

De tal modo, dicho imperativo implica impulso, resistencia y prevalencia: las especies que preponderan –en términos darwinianos— lo han logrado por medio de la *dominancia* comparti-

---

dejan mayor número de descendientes que el promedio de la población." Reboreda, Juan Carlos (2013), "La ecología del comportamiento animal", Facultad de Ciencias Exactas y Naturales, UBA, Volumen 23 número 135 octubre - noviembre 2013, p. 51.

110 Damasio, Antonio, *El extraño orden de las cosas…*, op. cit., p. 30.

da, e invariablemente puesta a prueba, dentro del entorno en el que viven y permanecen en relación ecosistémica compleja naturalmente constituida.

> El imperativo firme de la homeostasis ha sido el director generalizado de la vida en todas sus formas. La homeostasis ha sido la base del valor que hay detrás de la selección natural, que a su vez favorece a ciertos genes (y en consecuencia a ciertos organismos), aquellos que han desarrollado la homeostasis más innovadora y eficiente. El desarrollo del aparato genético, que ayuda a regular de manera óptima la vida y a transmitirla a sus descendientes, no es concebible sin la homeostasis.[111]

Así pues, la dominación (léase, prevalencia) es inherente a la vida, de manera que encontramos ejemplos de ella en cualesquiera de las inconmensurables relaciones entre los seres vivos: téngase por caso el mundo de los microorganismos, en el que las bacterias integrantes de la flora intestinal –digamos, de un mamífero— viven adaptadas dentro de una organización sistémica, en la que su existencia está constantemente comprometida por bacterias patógenas que les compiten el predominio en el hábitat intestinal; sin embargo, la flora resulta exitosa (dominante) frente a la intrusión, al ser un componente mejor adaptado al ecosistema del cual también es partícipe el subsistema inmunitario del mamífero:

> El término [tolerancia oral] puede definirse como la respuesta fisiológica a los antígenos alimentarios y a la flora comensal mediante la inducción de un estado específico de ausencia de respuesta inmunológica. Por el contrario, los antígenos de microorganismos patógenos inducen potentes respuestas inmunitarias en el intestino, lo que indica que el sistema inmunológico intestinal es capaz de procesar y distinguir entre los antígenos inocuos y los potencialmente lesivos. En realidad, una definición mejor de la tolerancia oral sería la de tolerancia sistémica obtenida de manera oral, ya que el proceso se hace efectivo no sólo a nivel local sino sistémicamente. [112]

---

111 Ibidem, p. 31.

112 Borruel, N. (2003), "Interacciones bacterianas con el sistema inmunológico intestinal: inmunomodulación" en *Prebióticos y probióticos: me-*

En una perspectiva compleja, podemos reconocer que esto acontece a nivel micro, y que, asimismo, el mamífero constituye el universo de esa micro/eco/organización vital: es un suprasistema en el que la flora vive enteramente adaptada en calidad de comensal.

Si continuamos este encadenamiento, ahora hacia un nivel macro, encontramos a nuestro mamífero en convivencia con otros especímenes como él, o pertenecientes a distintas especies, que coexisten como integrantes de una organización macro/eco/sistémica; en la que el equilibrio se mantiene, paradójicamente, dentro de una relación competitiva ligada a la dominancia entre unos y otros individuos o, en su caso, especies. Es decir, la lucha por el predominio va en dirección de mantener el equilibrio ecosistémico, por lo que si algún espécimen o, incluso, alguna especie, predomina en sentido opuesto, el ecosistema entra en riesgo de colapsar:

– Así, los machos alfa, en calidad de componentes indispensables de una organización vital sub/sistémica, instintivamente dominan y guían a los ejemplares de su grupo para la conservación colectiva; es decir, muchas especies gregarias necesitan la guía de algunos de sus individuos que naturalmente compiten –con sus iguales— por la

---

canismos de acción y sus aplicaciones clínicas, Revista de Gastroenterología y Hepatología, vol. 26, Núm. S1, pp.13-22. Disponible en: *https://www.elsevier.es/es-revista-gastroenterologia-hepatologia-14-articulo-interacciones-bacterianas-con-el-sistema-13043242*; "[...]el estado emergente de la vida parece unido a unos tipos concretos de sustratos y de procesos químicos. Es razonable por tanto decir que la homeostasis tiene sus orígenes en el nivel más sencillo de la vida, el celular, del que las bacterias son claros ejemplos en todas sus formas y tamaños. La homeostasis se refiere al proceso por el cual se contrarresta la tendencia de la materia hacia el desorden con el fin de mantener el orden, pero a un nuevo nivel, el que permite un mayor grado de estabilidad vital." Damassio, Antonio, *El extraño orden de las cosas...*, op. cit., p. 42.

posición dominante que le permitirá al grupo resistir y prevalecer como especie.

- Otro tanto ocurre entre las distintas especies en competencia, cohabitantes de un entorno eco/sistémicamente equilibrado, el cual, no obstante, puede desestabilizarse por algún acontecimiento que pudiera favorecer el predominio de alguna de ellas en sentido contrario (como una sobrepoblación disruptiva).

En lo anterior, conveniente advertir que la presencia invariable del multicitado imperativo homeostático de resistir y prevalecer es parte de la vida en general, y no sólo de aquella en la cual la competencia por el dominio y prevalencia es evidente, como en el caso de los machos alfa, acabado de exponer.

Con base en lo propuesto, ahora, es más accesible al entendimiento la premisa de que *la dominación es un acontecimiento natural inherente a la vida.* Caracteriza a la misma en nuestro planeta y, por lo tanto, cabe considerarla como un ingrediente indispensable de su capacidad organizacional. Sin la dominación, en su único sentido natural de imperativo homeostático[113], la organización de la vida en el planeta no sería posible.

Así, la dominación es *connatural de la relación entre los seres vivos* porque es esencia de los mismos. Y *su forma más expresiva la encontramos en la agresión, dado que ésta es un comportamiento a favor de la vida.* Es decir, aun cuando el animal agresor atente contra otros, lo hace instintivamente para prevalecer él, su progenie y

---

113 Aunque vimos que Damassio define a la homeostasis como imperativo "carente de reflexión y expresión", esto puede concernir a la vida en general; pero, en específico, la posición aquí sostenida hace notar que en el caso de las especies con sistema nervioso no ocurre lo mismo en cuanto su carencia de expresión porque *la agresión sí constituye una expresión* de la homeostasis, pues sea de tipo defensivo, depredador o dirigida a la preponderancia de cualquiera de estas formas, el agredir expresa pujanza hacia la conservación y prevalencia de la vida.

su especie; la agresión defensiva o depredadora es un acto de conservación y prevalencia vital y, por ende, la principal –o más obvia— expresión de la dominancia.

No obstante, el hecho de que la agresión aparezca como obviedad de la dominancia, no deriva en que aquélla sea la única forma en que ésta se manifiesta: *la solidaridad también es otra expresión de la dominación*, ya que desde el nivel micro/orgánico hasta el contexto macro de los organismos vivientes, la prestancia individual de un integrante a responder por sus semejantes –o incluso, en general, por quienes están en riesgo de perecer— está documentada maravillosamente; veamos brevemente algo de ello:

1° En los organismos pluricelulares existe la asistencia mutua entre sus células para conservar el todo del que forman parte, promoviendo éstas la restauración del sistema del que son microcomponentes cuando éste sufre un desbalance por alguna lesión o agresión externa; una célula es un sub/sistema que contiene los elementos del todo y por eso, ante cualquier desequilibrio, existe en ella la misma exigencia homeostática de sobrevivir y prevalecer a fin de mantener al todo como sistema dominante ante cualquier amenaza a su integridad.[114] Por supuesto, un ejemplo de solidaridad, como comúnmente la

114 "En resumen, cada célula, a partir de la primera, manifiesta siempre una «intención» poderosa y aparentemente irrefrenable de mantenerse viva y de seguir adelante. Esta intención irrefrenable solo fracasa en circunstancias como la enfermedad o la vejez, cuando la célula literalmente se destruye a sí misma en un proceso conocido como apoptosis. Permítaseme insistir en que no creo que las células tengan intenciones, deseos o voluntad tal como ocurre con los seres conscientes dotados de pensamiento, pero pueden comportarse como si así fuera y lo han hecho. Cuando el lector o yo tenemos una intención, un deseo o una voluntad, podemos representar mentalmente varios aspectos de ese proceso; las células individuales no pueden; al menos, no de la misma manera. Aun así, sin ser conscientes de ello, sus acciones pretenden la persistencia en el futuro, y esas

entendemos, es debatible en calidad de dominancia; sin embargo, es innegable que representa un fundamento o principio vital de "hacer por vivir".

2° Entre los animales existen incontables muestras de ayuda mutua: especies gregarias en que sus integrantes se auxilian solidariamente ante cualquier amenaza a su grupo, lo mismo que por el dolor o necesidad de asistencia de algún individuo que lo precise, o también en calidad altruista entre individuos de una especie hacia los de otra.

> *En muchas situaciones, el altruismo es en realidad cooperación.* El pájaro 'Indicador de la miel', que acompaña a los tejones y los humanos hacia los nidos de abejas silvestres, facilitándoles en su tarea de saqueo, tiene todas las de ganar, ya que puede beneficiarse de los restos. "La reciprocidad -aclara Villar- se sustenta por el interés en la futura ayuda. Si esa ayuda no es devuelta, el animal queda socialmente excluido o bajo represalias.[115]

El altruismo, la correspondencia y la solidaridad obedecen al mismo principio de favorecerse mutuamente para mantener la existencia en común. Es una relación de concurrencia, antagonismos y cooperación dentro de un arreglo ecosistémico de la vida en un entorno determinado y ante circunstancias particularmente benéficas a la vitalidad en éste.

> Hamilton mostró que si un individuo ayuda a otro a producir un número extra de descendientes, pero incurre en un costo porque tiene menos descendientes directos, la evolución puede llevar al comportamiento altruista si los beneficios de la vía indirecta son mayores que los costos sufridos por la vía directa. La expresión matemática de lo anterior se llama la *regla de Hamilton*, y constituyó un avance teórico que permitió contestar preguntas planteadas por el mismo Charles Darwin [...] Ese avance

---

acciones son consecuencia de sustratos químicos concretos e interacciones concretas." Damasio, El extraño orden..., op. cit., p. 42.

115 Barbieri, Alberto (2016). ¿Existe el altruismo en el mundo animal? Natural. Recuperado de *lavanguardia.com*

> estimuló la realización de numerosos estudios empíricos, por ejemplo, sobre vocalizaciones de alarma, cría cooperativa y comunal, o reciprocidad entre individuos no emparentados, que permitieron entender esos comportamientos por la relación entre costos y beneficios de las eficacias directa e indirecta.[116]

Observamos cómo la dominación tiene presencia versátil en los múltiples y diferentes comportamientos y las relaciones dentro de un ecosistema, desde su faceta agresiva hasta aquellas que pueden tomarse como opuestas, tales como la reciprocidad, la colaboración, la solidaridad y el altruismo; expresiones variadas de una motivación originaria común: la fuerza, energía o ímpetu a favor de la supervivencia y *dominio* dentro del hábitat.

Antes de pasar al tema subsecuente, conviene advertir que lo recién expuesto es susceptible de tomarse por un intento reduccionista para explicar la complejidad del comportamiento humano en su diversidad de ámbitos de acción. Nada más lejos de ello: contrariamente, la pretensión es poner a la vista de manera general, pero sin sacrificar la precisión, aquellos móviles primigenios –esto es, originariamente naturales— compartidos por todos los seres con quienes, en conjunto y de manera compleja, eco/sistémicamente, integramos la biósfera de nuestro planeta.

III. LA DOMINACIÓN/AGRESIÓN SE TRANSMUTA EN PODER/VIOLENCIA

Más arriba quedó insinuado cómo la aptitud de consciencia de nuestra especie, en combinación intrínseca con las emociones y los sentimientos, constituye una producción evolutiva con la cual la vida se abre paso en el entorno; puede decirse –junto

---

116 Reboreda, Juan Carlos (2013), "La ecología del comportamiento animal", op. cit., p. 53.

a ilustres pensadores que ya lo han afirmado— que, en el ser humano, acaso, la naturaleza cobra consciencia de sí misma.

> Y de los primeros animales se desarrollaron, esencialmente gracias a la diferenciación,
>
> incontables clases, órdenes, familias, géneros y especies, hasta llegar a los vertebrados y finalmente, entre éstos, a la forma en la que el sistema nervioso alcanza su más pleno desarrollo y en que la naturaleza adquiere **conciencia de sí misma** en la persona del hombre.[117]

Es conveniente considerar que la naturaleza conlleva múltiples posibilidades, no obstante, para la finalidad de este trabajo, se destaca la enunciada por Engels: la de una especie que representa la línea evolutiva más avanzada de la vida, si consideramos a la capacidad de consciencia como expresión de tal progreso; pero al fin, sólo como una de las posibles direcciones que la vida pudiese tomar. Esto es así, porque permanece la incógnita acerca de si la consciencia humana representa genuinamente a la propia naturaleza, o en realidad es sólo una ruta hacia la entropía, dadas las ambivalentes manifestaciones de pujanza hasta ahora alcanzadas por el comportamiento humano.

Sin embargo, todavía así, las innumerables manifestaciones de uso de la razón –y los sentimientos— éticamente orientadas, desplegadas a lo largo de distintas circunstancias y periodos del desarrollo de nuestra especie, y cristalizadas en lo que hemos llegado a denominar humanismo, parecieran resolver las contradicciones y dudas que también, día con día, se suscitan ante los comportamientos individuales y colectivos aún motivados por la *vehemente necesidad* de lograr *una supremacía sobre los demás a ultranza*, es decir, en contra de la propia existencia de quienes se empeñan en ejercerla.

---

117 Engels, Fredrich, *Intoducción a la dialéctica de la naturaleza,* Imprime y edita Caum (Club de Amigos de la Unesco de Madrid), p. 7. Recuperado de: *http://biblio3.url.edu.gt/Libros/intnatu.pdf*

Pero acerquémonos más a lo que se entreteje y actúa dentro del ámbito social humano, integrado con sustento moral y político producto de la consciencia, las emociones y los sentimientos, con su correspondiente dosis instintiva.

IV. UNA ESPECIE QUE REPRESENTA LA LÍNEA EVOLUTIVA MÁS AVANZADA DE LA VIDA Y SU DICOTOMÍA AGRESIÓN-VIOLENCIA

La presencia y desarrollo del sistema nervioso en los seres vivos es una ventana formidable hacia el refinamiento de la vida sensible, pues así tienen acceso a una receptividad del ambiente de mayor amplitud y calidad. Y las neuronas, base de cualquier construcción nerviosa, son la unidad hologramática que condensa el arreglo esencial de dicho sistema en cuyo centro está el cerebro, al cual, en la medida de su desarrollo evolutivo, le es posible cobrar consciencia del ser en que se constituye y del entorno que le rodea.

De tal modo, el sistema nervioso más complejo tiene como núcleo al cerebro humano, y éste, a su vez, representa el grado evolutivamente más elaborado de todos los cerebros de los animales (en una apretada síntesis progresiva de organismos superiores: desde el cerebro de los reptiles hasta el de los mamíferos, dentro de los cuales destaca el de nuestra especie).

Dicho cerebro elabora imágenes del ambiente –sensoriales, auditivas, gustativas, olfatorias o visuales—[118] en virtud de lo

[118] "Nuestra experiencia de objetos y acontecimientos en el mundo exterior es, naturalmente, multisensorial. Los órganos de la vista, el oído, el tacto, el gusto y el olfato están implicados, según el caso, en el acto de percepción [ ] Nuestro pensamiento está compuesto de imágenes, desde la representación de objetos y acontecimientos hasta sus conceptos correspondientes y sus traducciones verbales. Las imágenes son el símbolo universal de la mente y el pensamiento

cual la humanidad ha sido capaz de construir un mundo de la vida cada vez más distanciado de los instintos y organizado, en cambio, cognitivamente. Es decir, el gregarismo de los humanos se funda aún en la dominación (prevalencia) en el sentido natural, instintivo, ya referido; sin embargo, al efectuarse también con participación de la consciencia, paulatinamente, se ha transformado en una *dominación/ poder* resultantes de la interacción social *organizada de modo intencional –volitivamente— más que por la naturaleza instintiva.*

En otros términos, *la voluntad*, producto de la consciencia, se expresa como dominancia en sí, o también en calidad de *poder.* Voluntad –albedrío— para dirigir las acciones específicas que le permiten a todo individuo el control, esto es, el dominio de su entorno para mantenerse con vida. Empero, según sus necesidades, no sólo materiales, sino también las derivadas de su particular historia biográfica, puede centrar su voluntad en actuar para obtener el control de otros individuos, es decir, en conseguir dominación, poder sobre ellos:

> La palabra *poder* tiene un doble sentido. El primero de ellos se refiere a la posesión de poder *sobre* alguien, a la capacidad de

---

[ ] Las imágenes visuales permiten que los organismos actúen sobre un objetivo con precisión; las imágenes auditivas permiten que un organismo se oriente en el espacio, incluso en la oscuridad, como nosotros podemos hacer de manera razonablemente bien y los murciélagos hacen de forma magnífica. Todo lo que se requiere es que el organismo se halle en un estado de vigilia y consciencia y que el contenido de las imágenes sea relevante para la vida del organismo en aquel momento concreto. En otras palabras, desde el punto de vista de la evolución, las imágenes han ayudado a los organismos a comportarse de manera eficiente incluso cuando solo servían para precisar el control de una acción, incluso en ausencia de una subjetividad compleja y de la capacidad de análisis reflexivo y ponderación. Cuando la formación de imágenes fue posible, la naturaleza no pudo hacer otra cosa que seleccionarlas." Damasio, Antonio, *El extraño orden de las cosas...* op. cit., pp. 103-105

dominarlo; el otro significado se refiere al poder de hacer algo, de ser potente. Este último sentido no tiene nada que ver con el hecho de la dominación; expresa dominio en el sentido de capacidad. Cuando hablamos de impotencia nos referimos a este significado; no queremos indicar al que no puede dominar a los demás, sino a la persona que es impotente para hacer lo que quiere. Así, el término poder puede significar cada una de estas dos cosas: *dominación* o *potencia* [...] El poder, en el sentido de dominación, es la perversión de la potencia, del mismo modo que el sadismo sexual es la perversión del amor sexual."[119]

Ahora bien, visto así el poder, desde dos ángulos, permite acceder a la consideración de cómo se transmuta la aptitud humana de realización, desde una forma edificante, a otra que, degradada, culmina en el sometimiento de otros. Es esta última, la que analizaremos sin dejar de tener presente que, dicha transmutación, acontece cuando los individuos y grupos transitan, de un proceso evolutivo de dominio y transformación de su entorno, al afán de dominar, esto es, someter y controlar a otros.

Para esto, resulta fundamental el concepto sociológico clásico en el que la volición juega un papel central:

> *Poder* significa la probabilidad de imponer la propia voluntad, dentro de una relación social, aun contra toda resistencia y cualquiera que sea el fundamento de esa probabilidad [...] Por *dominación* debe entenderse la probabilidad de encontrar obediencia a un mandato de determinado contenido entre personas dadas [...] El concepto de *poder* es sociológicamente amorfo. Todas las cualidades imaginables de un hombre y toda suerte de constelaciones posibles pueden colocar a alguien en la posición de imponer su voluntad en una situación dada. El concepto de *dominación* tiene, por eso, que ser más preciso y sólo puede significar la posibilidad de que un *mandato* sea obedecido.[120]

---

119 Fromm, Erich (2014), *El miedo a la libertad*, Paidós, Buenos Aires, p. 183 (1ª ed. En español 1947), pp. 195-196.

120 Weber, Max (2004), *Economía y sociedad*, México, Fondo de Cultura Económica, 14ª reimpresión (1ª ed. 1922), p. 42.

Observamos en Weber una concepción enérgica del poder, una relación entre individuos o grupos en la que cabe recurrir a la amenaza o uso directo de la fuerza para conseguir imponer la voluntad; pero, más allá de esto, también es de suma importancia su consideración del poder como sociológicamente *amorfo,* porque con ello se alude a una multiplicidad de modalidades y circunstancias en las cuales es factible hacer valer una voluntad, sobre las demás, dentro de la vida en sociedad; supone emplear distintos medios para lograr la imposición: desde la fuerza bruta, instituida o no, hasta la persuasión, atracción o sugestión –y aun la manipulación y el engaño—, más que el camino de la razón dirigida al entendimiento mutuo; digamos que dicha imposición involucra, de una u otra manera, que se ejerce alguna forma de violencia –directa o simbólica— sobre los individuos o grupos sometidos.

Por su parte, podemos apreciar un concepto más "natural" –o preciso— de la dominación, ya que ésta supone obediencia disciplinada: "por *disciplina* debe entenderse la probabilidad de encontrar obediencia para un mandato por parte de un conjunto de personas que, en virtud de actitudes arraigadas, sea pronta, simple y automática."[121]

Se concibe así la obediencia a un mandato no de forma voluntaria, sino acrítica y sin resistencia, tal como hemos observado acontece en la vida natural regida básicamente por los instintos. Esto, aun cuando Weber, como sociólogo, no trasciende el terreno de la vida humana y habla de actitudes arraigadas cuyo origen queda sin referir; pero que aquí, con base en lo desarrollado más arriba, es viable calificar como arraigo habitual biológicamente predispuesto.[122] Lo cual no excluye, por

---

[121] Idem.

[122] Es conocida y descrita con detalle, desde Darwin, la forma en que los hábitos e instintos se forman y llegan a transmitirse de una generación a otra en las especies del mundo animal. Vid. *El origen de las especies*...op. cit. pp. 255-288.

supuesto, que dicho proceso de acondicionamiento sea, asimismo, de carácter sociocultural, como se verá más adelante.

Por ahora, importa distinguir al poder y a la dominación como dos entidades presentes en la vida humana, en la que el primero está mayormente vinculado a una relación impositiva, en tanto la segunda a una de obediencia disciplinada; esto, sin perjuicio de que también se puede obedecer una orden en pleno uso de la consciencia, de manera voluntaria.

El concepto de obediencia, en sentido de Weber, se utiliza eminentemente por su precisión analítica para estudiar las relaciones de subordinación a los mandatos; lo cual comprende un nivel más espontáneo o "natural" de aceptación –por conveniencia mutua— entre quienes ordenan y quienes obedecen. No obstante, es posible ver –allende la obediencia disciplinada o de conveniencia recíproca— el flujo de un *continuum* que va de la dominación hasta el ejercicio de poder en su mayor sofisticación, en cuanto éste más se fundamenta en una intención dirigida al sometimiento incondicional.

Dicho de otra manera, un individuo o colectivo pueden hacer valer sus intenciones por medio de una actitud agresiva, moderada o abierta, dirigida hacia quienes pretenden dominar. Sin embargo, conforme en su comportamiento dominante subyacen apremios de origen biológico o pasional, deliberados o no, tales como las carencias materiales o afectivas, frustraciones, resentimientos, trastornos, codicias –entre otras motivaciones—, entonces, progresivamente, pueden pasar del uso de la agresión a la violencia (directa o encubierta), en la medida que lo urgente es prevalecer por sobre cualquier interés que no sea el de la preponderancia absoluta. Es decir, a partir de que esto es el móvil principal *la dominación se transforma en poder, con la correspondiente transmutación de la agresión en violencia.*

Ahora bien, con relación a la pluralidad de opciones que hacen del poder un concepto amorfo, conviene advertir –junto a Foucault— su calidad *omnipresente*, puesto que no se ejerce solamente por algún individuo o grupo hacia una colectividad en general, sino que, además, lo encontramos en la diversidad de relaciones humanas:

> Entre cada punto del cuerpo social, entre un hombre y una mujer, en una familia, entre un maestro y su alumno, entre el que sabe y el que no sabe, pasan *relaciones de poder* que no son la proyección pura y simple del gran poder del soberano sobre los individuos; son más bien el suelo movedizo y concreto sobre el que ese poder se incardina, las condiciones de posibilidad de su funcionamiento. La familia, incluso hasta nuestros días, no es el simple reflejo, el prolongamiento del poder de Estado; no es la representante del Estado respecto a los niños, del mismo modo que el macho no es el representante del Estado para la mujer. Para que el Estado funcione como funciona es necesario que haya del hombre a la mujer o del adulto al niño *relaciones de dominación* bien específicas que tienen su configuración propia y su relativa autonomía.[123]

Observamos, pues, una interacción humana en cuya base está la dominación-poder; esto es, que sobre el citado "suelo movedizo y concreto" se mueve todo el mundo, hecho que constantemente percibimos de modo propio o en lo que nos toca atestiguar en el amplio contexto de la vida en sociedad. En éste, por versátil que se nos aparezca, los sentimientos concurrentes, antagónicos y complementarios, pululan en el trato social desde un nivel micro como puede ser el familiar, hasta el macro que comprende la existencia sociopolítica. En todo este escenario colectivo de opiniones, valoraciones, aspiraciones, temores, esperanzas, sueños, creatividad, proyectos, creencias, rituales, placeres, intereses, infortunios, o grandezas, entran en acción impulsos y apasionamientos expresados, de modo sutil o franco, a través de un *continuum de dominación/poder-agresión/violencia.*[124]

---

123 Foucault, Michel (1979), *Microfísica del poder*, Madrid, La Piqueta, 2ª edición, p.157.

124 "En psicología existen *modelos categóricos* (distinguen y definen trastornos mentales específicos –como ha funcionado el DSM al me-

Tenemos así, que la agresión/dominancia se traslapa con la violencia/poder, de modo hologramático, holoscópico y holonómico, pues *permean completamente la corporeidad sistémica del mundo de la vida humana.*

Dicho continuum es, hasta ahora, *el fundamento* de una realidad creada por nuestra especie porque –invariablemente— tiene presencia en su aspecto micro/complejo/primordial en las relaciones propias de la cotidianidad, y, en su expresión macro/complejo/elaborada, en las relaciones sociales mediadas por los poderes formalmente instituidos y por aquéllos que no lo están, pero que en los hechos controlan las relaciones y la vida mundial.

---

nos hasta su quinta edición- donde sólo hay dos valores posibles: o está presente o está ausente cierta enfermedad), y *modelos continuos o dimensionales* (los seres humanos nos movemos por diferentes dimensiones específicas- de ansiedad, autoestima, rasgos de personalidad…- entre dos límites o bordes, permitiendo cuantificar la severidad de un síntoma). El *continuum* se puede representar como una línea con dos extremos para ilustrar un tema particular, por ejemplo la conducta humana que va de la *normalidad* a la *anormalidad*: estar melancólico o sentir tristeza es normal; estar triste todos los días durante varios meses seguidos es anormal y puede ser necesario un tratamiento psicológico [...] Un continuo clásico de la psicología (y de otras ciencias: biología, antropología, etología…) es el **innatismo-ambientalismo** con respecto a la conducta humana. Se ha llegado a la conclusión de que el ser humano se ha desarrollado en un *continuum* que va desde ciertas conductas que dependen sobre todo (aunque no totalmente) de la **herencia genética**, hasta otras conductas que dependen esencialmente (pero no absolutamente) de la **experiencia en su entorno social**." Kabato, Iñaki, "Qué es el Continuum", Psicodata, Centro de Psicología; disponible en: *https://www.psicoadapta.es/blog/que-es-el-continuum/*

V. CULTURA Y CARÁCTER SOCIAL VIOLENTOS: DE CÓMO LA CULTURA SE GENERA A PARTIR DE LOS SENTIMIENTOS Y LAS PASIONES HUMANAS

Al estudiar el comportamiento humano agresivo y violento con un modelo complejo se precisa no perder de vista los diversos niveles componentes de la realidad social, pero también se requiere asumir que el arreglo ecosistémico de la naturaleza, necesariamente, envuelve a la vida humana en todas sus vertientes, por lo cual es menester no olvidar el origen y permanencia natural de la condición humana tal como la conocemos hasta ahora.

De ahí que, en esta investigación –intencionalmente— se hace referencia tanto a la naturaleza como a la condición humanas no como sinónimos, sino en una consideración de la indispensable complementariedad que se da entre los constituyentes *netamente biológicos* y *los de índole adquirida* por nuestra especie en el transcurso de su desarrollo cognitivo.

Con relación a los primeros, vimos lo primordial en la primera parte y, en cuanto a los segundos, vale destacar, como condicionantes de primer orden, a la organización social con base en hábitos y costumbres que reconocemos como moral –de la cual se generan las normas que hacen posible la integración y coordinación de la vida en grupo—así como al surgimiento y evolución de las instituciones sociales, de la cultura y de la historicidad.

Por consiguiente, elementos naturales y sociales, propios de la conformación humana, han de tomarse en cuenta cuando pretendemos comprender por qué nos comportamos violentamente en nuestra calidad de seres racionales. Para ello, tendremos que explorar, todavía más, cómo nuestras aptitudes de consciencia y creatividad –individual y conjunta— nos han inmerso en un mundo en el que la propia existencia, los acuerdos y las discrepancias con los demás, se dirimen no sólo de forma racional sino *fundamentalmente* con base en los sentimientos que nos mueven al interactuar individual y colectivamente.

VI. EMOTIVIDAD Y SENTIMIENTOS EN LA CULTURA

Expresarse en torno a la cultura siempre es motivo de ambivalencias y polisemia debido a que es un concepto de uso y entendimiento muy flexible.[125] Puede concebirse como conocimiento y sensibilidad con alto grado de refinamiento, o también acentuando la importancia de los simbolismos creados por los diferentes grupos sociales que manifiestan particulares formas de pensar e imaginar sus contextos específicos[126]; o, de manera general, aludiendo los modos de vida y pensamiento de los diversos grupos humanos con atención a su diversidad, pero, igualmente, a su unidad como miembros de la misma especie.

En la búsqueda de menor ambigüedad terminológica y de precisión, procede destacar que en el devenir científico se han efectuado múltiples esfuerzos con distintos enfoques teórico-metodológicos para alcanzar una concepción un tanto unificada del concepto cultura: desde las primeras posturas etnológicas, pasando por las de tipo antropológico, hasta aquellas aportadas por el estudio integrativo en las ciencias sociales.

Citemos, respectivamente, algunas que resultan ilustrativas:

---

125 Del latín *cultus*, forma de supino del verbo *colere* que originalmente significaba "cultivar", el término cultura se volvió metafórico cuando lo empleó Cicerón (106-43 a.C.) en su célebre tratado filosófico y moral *Tusculanae disputationes*, (2,5,13) para comparar el espíritu de un hombre basto con un campo sin cultivar y su educación y formación espiritual como el cultivo de ese campo. Este concepto clásico de cultura que excluía las actividades utilitarias, las artes y el trabajo manual -*banausía*, tenido como propio de esclavos- pasó con esos caracteres a casi todas las lenguas europeas, en Santiesteban, Fernando (2006), "La cultura I: conceptos tradicionales y nuevos enfoques, Perú", La insignia. Disponible en: http//*www.lainsignia.org/2006/marzo/dial_001htm*

126 Vid Thompson, John B., "El concepto de cultura" en *Ideología y cultura modernas. Teoría crítica social en la era de la comunicación de masas*, Capítulo 3, Ed. Casa Abierta al Tiempo, pp. 183-240.

a) Cultura o civilización, tomadas en su sentido etnológico más extenso, es todo complejo que comprende el conocimiento, las creencias, el arte, la moral, el derecho, las costumbres y las otras capacidades o hábitos adquiridos por el hombre [sic] en tanto miembro de la sociedad [Edward Burnett Taylor, 1871].[127]

b) [La cultura] es el conjunto integral constituido por los utensilios y bienes de los consumidores, por el cuerpo de normas que rige los diversos grupos sociales, por las ideas y artesanías, creencias y costumbres. Ya consideremos una simple y primitiva cultura o una extremada y compleja desarrollada, estaremos en presencia de un vasto aparato, en parte material, en parte humano y en parte espiritual, con el que el hombre [sic] es capaz de superar los concretos, específicos problemas que lo enfrentan [los cuales] surgen del hecho de tener [...] un cuerpo sujeto a varias necesidades orgánicas [...] con todo el equipo de artefactos, con su aptitud para producirlo y valorarlo el hombre [sic] crea un *ambiente secundario* [...]Este ambiente, que es ni más ni menos la cultura misma, debe ser reproducido, conservado y administrado permanentemente [Malinowski, Bronislaw, 1944][128]

c) Toda cultura puede ser considerada como un conjunto de sistemas simbólicos en los que en primer rango se sitúan la lengua, las reglas del matrimonio, las relaciones económicas, el arte, la ciencia, la religión. Todos estos sistemas tienen como objetivo expresar ciertos aspectos de la realidad física y de la realidad social y, más aún, las relaciones que estos dos tipos de realidades mantienen entre si y que los sistemas simbólicos mantienen unos con otros [Levi-Strauss, Claude, 1950][129]

---

127 En Cuche, Denys (2002), *La noción de cultura en las ciencias sociales*, Buenos Aires, Ed. Nueva Visión SAIC, p. 20. Disponible en: *http://www.proarhep.com.ar/wp-content/uploads/Cuche_La-nocion-de-cultura-en-las-Ciencias-Sociales.pdf*

128 Malinowsk, Bronislaw (1984), *Una teoría científica de la cultura*, Madrid, ed. Sarpe, pp. 56-57 (1ª edición en inglés en 1944) (cursivas mías).

129 Levi-Strauss, Claude (1950), "Introducción a la obra de Marcel Mauss", en Cuche, Denys (2002), *La noción de cultura*...op.cit., p. 55.

> d) El hombre [sic] es esencialmente un ser de cultura. El largo proceso de hominización, que comenzó hace más o menos quince millones de años, consistió, fundamentalmente, en pasar de una adaptación genética al medio ambiente natural a una adaptación cultural. Durante esta evolución, que finalizó en el Home sapiens sapiens, el primer hombre, se operó una formidable regresión de los instintos, "reemplazados" progresivamente por la cultura, es decir, por esa adaptación imaginada y controlada por el hombre, mucho más funcional que la adaptación genética pues es mucho más dúctil y se puede transmitir con mayor facilidad y rapidez. La cultura permite que el hombre no solo se adapte a su entorno sino que haga que éste se adapte a él, a sus necesidades y proyectos, dicho de otro modo, la cultura hace posible la transformación de la naturaleza [Cuche, Denys, 1966][130]

Este conjunto de definiciones nos permite forjar una idea acerca del significado de la cultura en la vida de nuestra especie; y pese a la inmensidad de aspectos implícitos en las mismas, podemos, para fines de cohesión, abstraer de ellas dos puntos de convergencia: 1) en lo que atañe a la aptitud de creación *intencional* de recursos adaptativos en sustitución de los dados naturalmente por la instintividad; y 2) la integración y expresión de estos recursos –por diversas vías— en un entorno artificial construido para superar los problemas propios de la existencia humana.

1) El primer aspecto, es un distintivo fundamental de la humanidad que facilita entender al concepto de *cultura como el medio de adaptación y supervivencia por excelencia producto evolutivo de la inteligencia, los sentimientos y la razón.*

2) En lo que se refiere al segundo, su relevancia radica en que la *cultura es concebida como una realidad artificial generada por el ser humano, en la cual existe y auto preserva sistémicamente*; es decir, se comprende a la cultura como *suprasistema* necesario de examinar como *complejidad en que los individuos y grupos*

130 Ibidem, p. 5.

se relacionan de manera recursiva, esto es: en una entidad por ellos forjada pero que, a su vez, los redefine constantemente.

Por su parte, al intentar mayor precisión sobre el alcance de la cultura, también es conveniente considerar dos planteamientos estrechamente asociados a los enunciados previos: uno de Strauss sobre *la interacción sistémica* de los individuos y grupos humanos viviendo en sociedad (I); y el otro acerca de la investigación cultural, propuesto por Malinowski, que pone énfasis en *el estudio de las instituciones sociales como unidad de análisis de la cultura* (II). Ambos, serán básicos en el avance subsecuente de nuestro estudio, que seguiremos –como ya se advirtió— desde el enfoque del paradigma de la complejidad.

I

El interaccionismo simbólico de Strauss, en la actualidad, subsiste en múltiples teorizaciones de corte sociológico que abordan distintos campos de saber sobre la sociedad; y, como enfoque sistémico, bien puede incluirse entre las orientaciones acerca de los sistemas complejos adaptativos aplicadas a diversos campos del quehacer científico.

Y dichas aplicaciones, asimismo, han servido de partida y desarrollo al paradigma de la complejidad que, sustentado en los principios: a) hologramático, b) holoscópico y c) holonómico –referidos al inicio de este capítulo—, posibilita explicarnos a la cultura en su calidad de fenómeno complejo emanado de las necesidades y aptitudes evolutivamente adquiridas por la humanidad:

a) <u>Hologramáticamente</u>, porque los individuos representan la parte y el todo cultural: en cada uno están engramados valores, conocimientos, símbolos y referencias del mundo de la vida –construido individual y grupalmente— acordes al tiempo y circunstancias en que las personas y grupos interactúan. Esto se traduce en que, *potencialmente, uno a uno de los integrantes de una cultura está en posibilidad de reconstituir el todo si hiciera falta.*

b) Holoscópicamente, debido a que cada cultura es una representación global, es decir: manifestación específica y simultáneamente *generalizada* de aplicación de la inteligencia, los sentimientos y la razón –característicamente humanos—, a fin de resolver los retos de resistir y prevalecer en distintos hábitats.

c) Holonómicamente, en virtud de que todas las interacciones están organizadas en sistemas que, sea tomados aisladamente o en conjunto, comparten e intercambian elementos constituyentes de forma recursiva, por ejemplo: el individuo se integra en grupo y, desde su singularidad, influye en éste, en lo que –a su vez— éste también integra e influye al primero. *Las partes integran al todo y el todo conforma a las partes, siempre, de forma sistémica y recursiva.*

II

Si hemos de considerar un aspecto primigenio del comportamiento humano colectivo regido por la consciencia, los sentimientos y la razón, es *la posibilidad de unificar propósitos y acciones por medio de los actos de autoridad* –y su inherente regulación implícita o explícita— *cristalizados en instituciones sociales* (en toda la gama de posibilidades dadas por la diversidad de culturas, creadas como respuesta adaptativa a los variados entornos temporales y geográficos).

> Con el propósito de lograr cualquier objetivo o alcanzar un fin, los hombres [sic] deben organizarse [...] la organización implica un esquema o estructura muy definidos, cuyos principales factores son universales en tanto son aplicables a todos los grupos organizados, los cuales a su turno, en su forma típica, son también universales en toda la extensión del género humano [...] Propongo que llamemos a tales unidades de organización humana con el término institución, antiguo ya pero no siempre definido con claridad ni usado convenientemente. Este concepto implica

> un acuerdo en una serie de valores tradicionales alrededor de los que se congregan los seres humanos [...] Sostengo aquí que *la institución es la verdadera unidad de análisis cultural.*[131]

Todo ello proporciona un planteamiento central respecto a la organización social con base en la cultura, en el que –además— es esencial poner atención en el papel de *la autoridad como núcleo organizativo de las instituciones*: "autoridad significa el privilegio y el deber de tomar decisiones, de resolver casos de disputa o desacuerdo y también de poder hacer respetar por la fuerza tales decisiones. La autoridad es la verdadera esencia de la organización social. Por lo tanto, no puede estar ausente de ninguna organización institucional aislada."[132] Al respecto, más adelante volveremos a este asunto cuando entremos al estudio del carácter social en las culturas.

***

Por ahora, hay que agregar que aun cuando necesariamente se dan formas particulares de institucionalizar la vida en los distintos grupos humanos, como sucede en las instituciones de la familia, el matrimonio, la religión, las de carácter económico o político, entre muchas más –fenómeno denominado relativismo cultural—, también está el hecho de que existen rasgos culturales *de carácter universal*. Y es posible ubicarlos al poner atención, en términos de Malinowskoi, en aquellos principios generales que ligan a los seres humanos entre sí y los amalgaman en grupos permanentes.[133]

Al respecto, se reconoce el mérito al culturalismo –como corriente científica estudiosa de la cultura y la personalidad— el

---

131 Malinowsk, Bronislaw (1984), *Una teoría científica...*, op. cit., pp. 59 y 75 (cursivas mías).

132 Ibidem., p. 81.

133 Cf. Ibid., p. 75.

haber puesto al descubierto una "relativa coherencia" de todos los sistemas culturales.[134] Hay varios esfuerzos en ese sentido, pero uno de los más concretos es el de los rasgos que Robert Redfield fundamenta como universales de la cultura:

> -todas las culturas establecen límites morales a la violencia;
> -todas plantean algún tipo de sentimiento de lealtad;
> -todas poseen ciertas formas de ganarse la vida;
> -todas tienen sistemas familiares y de parentesco calificados que generan sentimientos y dependencias;
> -todas tienen alguna concepción del universo y del lugar que en él ocupa el hombre [sic];
> -todas tienen un código moral;
> -todas son creativas más allá de la llana y lisa supervivencia.[135]

Así, los rasgos culturales de carácter universal son esenciales en el análisis complejo de cualquier cultura. Significa considerar dicho examen a la luz del principio holoscópico, que permite construir explicaciones plausibles sobre ciertos rasgos de comportamiento y actitudes ante la vida, característicos de la especie humana, más allá del relativismo cultural, sobre todo cuando éste es puesto como límite "infranqueable" a las comparaciones entre diversos grupos o culturas.

En sentido opuesto al relativismo, existen teorías que se han elaborado desde distintas disciplinas, por ejemplo, para detectar las necesidades existenciales propias de la especie humana; igualmente, para postular un desarrollo moral individual y social basado en el descentramiento progresivo del individuo, los grupos humanos y las mismas sociedades; o, incluso, principios éticos de reconocimiento universal como son los derechos humanos.

En cuanto a esto, es válido reconocer que tales desarrollos teóricos –y también los mismos derechos humanos, en su calidad

---

134 Cf. Cuche, Denys (2002), *La noción de cultura*..., op. cit., p. 52.

135 Santiesteban, Fernando (2006), "La cultura I: conceptos tradicionales...", op. cit.

de principios ético-jurídicos rectores del trato intra e intercultural[136]— tengan fundamento en la evidente existencia de rasgos o *principios naturales* presentes en todos los grupos humanos, allende la particularidad de sus culturas. De ahí que culturalistas y sociólogos, como Moore, hablen de la "naturaleza humana", la cual, aunque debatible en sus alcances, resulta innegable porque se localiza –si se quiere— en calidad de respuestas adaptativas, pero con una recurrencia universal inobjetable.

> Propongo una concepción de la naturaleza humana innata en el sentido de que es *previa* a cualquier influencia social, pero no necesariamente inmune a ella, y para la cual no sólo resultan nocivas las privaciones físicas, sino también las psíquicas, sobre todo la ausencia de respuestas humanas favorables, el aburrimiento y la inhibición de la agresión.[137]

Esto resulta primordial porque aun cuando la cultura es una respuesta adaptativa que, progresivamente y por vía de la consciencia –como se ha reiterado—, ha sustituido a la adaptación instintiva, ello no implica la inexistencia de una base biológicamente dada, en toda nuestra especie, que se manifiesta contundentemente a lo largo de la diversidad cultural de los distintos grupos humanos y confirma nuestra unidad natural.

Así pues, aunque el debate sobre el asunto sigue abierto, es preciso no minimizar el origen e influencias naturales en el com-

---

136 Estos últimos, derivados de movimientos y circunstancias histórico-sociales de particular trascendencia para la humanidad. Y aunque, debido a ello, existe todavía una fuerte polémica sobre su fundamentación: sea filosófica, histórica, social, etcétera, lo relevante aquí es destacar que, como principios, recogen y reivindican la esencia natural de cada ser humano, y sus correlativas necesidades vitales propias de su condición consciente, sentimental y racional, compartida por todos los integrantes de la especie.

137 Moore Jr., Barrington (1996), *La injusticia: bases sociales de la obediencia y la rebelión*, México, Universidad Nacional Autónoma de México, p. 20 (1ª ed. en inglés 1977).

portamiento cultural. De hecho -y como parte ello— se cuenta a *los sentimientos* inherentes a *cualquier reacción* humana ante la estimulación proveniente de su medio ambiente natural, social y cultural; es decir, ajustes senso-perceptivos al ambiente interno y externo del organismo y psique humana, tales como los siguientes: respuestas al placer, dolor, sufrimiento o privaciones de cualquier tipo; agresión, violencia, pasividad, prestancia, indiferencia; ayuda, reciprocidad, cooperación, altruismo, amabilidad, cortesía; rechazo, repulsión, curiosidad y exploración; receptividad, creatividad, laboriosidad; de apertura al conocimiento, comunicativas, etcétera.

***

Entre la complementariedad de la naturaleza y la condición cultural del ser humano, es preciso ubicar cuál es el móvil -motor básico— subyacente a ellas: aquél que da sentido a lo que Damassio llama *la mente cultural.*

Tal imperativo primigenio, natural e irreflexivo, es *el principio de la homeostasis* descrito por este autor, que apremia a cualquier ser vivo a resistir y prevalecer. Y que, en el caso humano, tiene expresión mediante los sentimientos presentes en el proceso de las múltiples elaboraciones culturales. Esto podría parecer -de entrada— bastante reduccionista, pero no lo es si tomamos en cuenta que la cultura, en toda su vastedad, constituye una respuesta adaptativa de supervivencia, muy elaborada y compleja, pero -al fin— dialécticamente adaptativa.

> [...] debo insistir en el papel de *la homeostasis y de su sustituto consciente, los sentimientos,* en el proceso cultural. A pesar de todas las incursiones históricas de la biología en el mundo de las culturas, la noción de homeostasis, incluso en el sentido convencional y estricto de regulación vital, está ausente de los tratamientos clásicos de la cultura [...] Talcott Parsons mencionó la homeostasis cuando consideró las culturas desde la perspectiva de los sistemas, pero en su informe la homeostasis no

> estaba relacionada con los sentimientos ni con los individuos. ¿Cómo se conecta el estado de la homeostasis con la producción de un instrumento cultural capaz de corregir un déficit homeostático? Tal como sugerí, el puente lo proporcionan *los sentimientos, expresiones mentales del estado* homeostático [...][138] En organismos complejos, los sentimientos desempeñan un papel fundamental en este proceso a dos niveles. Primero [...], cuando los organismos se ven obligados a actuar fuera del rango de bienestar y caen en la enfermedad y derivan hacia la muerte. Cuando esto ocurre, los sentimientos actúan perturbando el proceso de pensamiento para inocularle, de alguna manera, la capacidad de esforzarse para alcanzar un rango homeostático adecuado. Segundo, además de generar preocupación y obligar a pensar y actuar, los sentimientos sirven como árbitros de la calidad de la respuesta. En último término, *los sentimientos son los jueces del proceso creativo cultural.*[139]

En otros términos, podemos notar que las relaciones sociales y la cultura procedente de las mismas, son respuestas emotivo-sentimentales que, imbricadas con la razón, motivan el ingenio humano –siguiendo a Moore— para evitar aquello que es nocivo a nuestra especie en cualquier tiempo y lugar (como las privaciones físicas o psíquicas)[140]; esto es, a fin de satisfacer las necesidades propias de su existencia no sólo material sino, igualmente, aquellas que conciernen al desarrollo que denominamos espiritual.[141]

---

138 Damassio, Antonio, *El extraño orden de las cosas*...op. cit. pp. 190-191 (cursivas mías).

139 Ibidem, pp. 196-197 (cursivas mías).

140 "[...] sobre todo la ausencia de respuestas humanas favorables, el aburrimiento y la inhibición de la agresión". Moore Jr., Barrington (1996), *La injusticia: bases sociales de la obediencia... op. cit.* p. 20.

141 1. Necesidad de un marco de orientación y devoción; 2. de raigambre; 3. de efectividad; 4. de excitación y estimulación; y 5. de estructura caracterial. Vid. Fromm, Erich, *Anatomía de la destructividad*... op.cit, pp. 234-246. Las necesidades existenciales surgen "de las contradicciones fundamentales que caracterizan la existencia humana y radican en la dicotomía biológica entre los instintos faltantes y la consciencia de sí

Y en estrecha relación con ello, es conveniente observar que las emociones son respuestas involuntarias (como la alegría, la ira, el miedo, la ansiedad, el enojo, o los celos[142]) que, una vez hechas conscientes, se vuelven sentimientos.

> El desencadenamiento de respuestas emotivas tiene lugar de forma automática e inconsciente, sin la intervención de nuestra voluntad. A menudo, nos damos cuenta de la aparición de una emoción no cuando aparece poco a poco la situación que la desencadena, sino cuando el procesamiento de esa situación causa *sentimientos;* es decir, causa *experiencias mentales conscientes del suceso emocional.* Y es después del inicio del sentimiento cuando podemos (o no) darnos cuenta de por qué sentimos de una determinada manera.
>
> Pocas cosas escapan al escrutinio [...] del cerebro. El sonido de una flauta, el tono anaranjado de una puesta de sol, la textura de la lana, todo eso produce respuestas emotivas positivas y sus correspondientes sentimientos placenteros.[143]

Advirtamos, entonces, que sentimientos de agrado o desagrado, bienestar o malestar, solidaridad o desapego, odio o afecto, y muchos más, son el trasfondo condicionante de las decisiones y acciones que emprendemos deliberadamente, puesto que son inmanentes a éstas. De tal modo, no resulta temerario el argumento de que *la razón ha creado a las instituciones y la cultura gracias al impulso vital de los sentimientos,* y que –sin éstos— un ser netamente ra-

---

mismo. El conflicto existencial del hombre produce ciertas necesidades psíquicas comunes [...] tienen sus raíces en la existencia misma del hombre [...] y su satisfacción es necesaria para que se mantenga sano, del mismo modo que es necesaria la satisfacción de pulsiones orgánicas para que se mantenga vivo", Ibidem., p 231.

142 Vid. Hernández Cuevas, Maximiliano (2021), "La Agresión y la Violencia como Experiencias Subjetivas" ..., op. cit.

143 Damasio, Antonio, *El extraño orden*...op.cit., pp. 127-128 (cursivas mías).

cional es una quimera que tendría plena ineptitud de adaptación evolutiva, es decir, incapacidad para crear cultura y civilización.[144]

En otras palabras, de acuerdo con las exigencias adaptativas que naturalmente le son impuestas a individuos, grupos o sociedades, los sentimientos que se generan con ello no sólo influyen, sino definen la forma de ser e interactuar socialmente. Tema que abordaremos en el siguiente apartado.

VII. CARÁCTER SOCIAL, AUTORIDAD Y PODER EN LA VIOLENCIA CULTURAL

Los sentimientos representan a la homeostasis en el significado recién visto, el cual da cuenta de su progresivo surgimiento a partir de que la vida es impulso, energía, dinamismo que se abre paso como parte de la naturaleza. Desde los microorganismos hasta los seres más complejos –con sistema nervioso y cerebro— la vida adquiere la capacidad de reaccionar al medio ambiente. Y lo hace como sistema dotado de sensibilidad a los estímulos que recibe merced a su condición energética.

Más específicamente, la peculiaridad *energética vital* se revela tanto en las reacciones electroquímicas de intercambio con el ambiente producidas en los microorganismos, como en el sistema nervioso y cerebro humano al percibir y reaccionar, siempre de manera sensible, a la estimulación.

---

144 De aquí que resulta todo un reto a la constitución de la inteligencia artificial la posibilidad del auto reconocimiento identitario, de que alcance la calidad de ser autónomo. No sólo la razón, sino también las emociones y los sentimientos tendrían que formar parte indispensable de dicha conformación, pues de no ser así, tal inteligencia sería muy diferente a la inteligencia viva, tal como existe en el Planeta... ¿Qué acontecería con seres incapaces de empatía? ¿podría un ser "autónomo", estrictamente racional, formar parte del arreglo sistémico planetario en que coexistimos como parte de la biósfera?

Lo anterior facilita entender la importancia que la psicología dinámica o psicoanálisis concede al manejo energético en la conformación del carácter, ya sea de los individuos o incluso de los grupos humanos. Acerca de ello, más arriba hemos logrado un acercamiento al tema del carácter individual y su vínculo con la agresión y la violencia. Y es necesario observar que lo hicimos, especialmente, a la luz teórica del psicoanálisis humanístico, que es relevante porque conserva la orientación *dinámica* del carácter originalmente planteada por Freud; pero va más allá, al restar preponderancia al concepto de energía libidinal y centrarse, en cambio, en la energía desplegada en el trato social. Lo cual no implica, en la perspectiva aquí asumida –en este punto vinculada al psicoanálisis ortodoxo y contemporáneo—, que la energía libidinal y la energía efectuada como agresión/repulsión carezcan de importancia fundamental dentro de las motivaciones *básicas* del ser humano.

> En el sentido dinámico de la psicología analítica se denomina *carácter* la forma específica impresa a la energía humana por la adaptación dinámica de las necesidades de los hombres a los modos de existencia peculiares de una sociedad determinada.[145] "[el carácter] se refiere no a la suma total de las formas de conducta características de una determinada persona, sino a *los impulsos dominantes que motivan* su obrar."[146]

Efectivamente, es posible observar de qué modo el carácter *no* es reducible a los rasgos de comportamiento observables de una persona, pues también abarca las motivaciones que subyacen a ellos y que pueden ser muy diferentes de un individuo a otro. Por ejemplo, cuando alguien se muestra "caritativo" motivado por el interés de ganar adeptos, deducir impuestos o en el convencimiento de que se conduce bondadosamente conforme a reglas

---

[145] Fromm, Erich, (2014), *El miedo a la libertad*, Paidós, Buenos Aires, p. 316 (1ª ed. En español 1947) (cursivas mías).

[146] Ibidem., p. 196 (cursivas mías).

morales de tipo religioso y, sin embargo, es egoísta, codicioso y despectivo; en otros casos, en cambio, se puede mostrar una conducta caritativa al poseer un carácter auténticamente generoso.

> [...] el estudio del carácter trata de "las fuerzas que motivan al hombre"; *el modo de obrar, de sentir y de pensar de una persona lo determina en gran parte la especificidad de su carácter* y no es ni aproximadamente el resultado de respuestas racionales a situaciones reales [...] Freud reconoció *la cualidad dinámica* de los rasgos de carácter, y sostuvo que la estructura del carácter de una persona representa una forma particular en la cual la energía está encauzada en el proceso de vivir.[147]

Es importante observar que la energía humana es claramente expresión de que somos seres vivientes y, por lo mismo, dicha fuerza se manifiesta tanto en los procesos fisiológicos de nuestro cuerpo como en las reacciones al exterior de él; así que el comportamiento, sus motivaciones y la interacción humana –en un contexto natural y social— implican despliegue energético.

Sobre tal base, es asequible entender que las emociones y su expresión consciente, en calidad de sentimientos, constituyen la vida emocional humana; la cual no sólo es producto de la percepción primaria de estímulos,[148] sino de la manera en que dichos estímulos impactan al individuo y/o grupo sensible durante su proceso permanente de adaptarse al medio y permanecer con vida.

Pero conviene añadir que la manera de procesar los estímulos del exterior depende, asimismo, no sólo de las reacciones emocionales y sentimientos –en sí— que como especie adquirimos evolutivamente; pues, además, es menester considerar otro ingrediente que varía de un individuo a otro y se conoce como

---

147 Fromm, Erich, (2003), *Ética y psicoanálisis,* México, Fondo de Cultura Económica, p. 70 (1ª ed. en español 1953) (cursivas mías).

148 cualquiera que sea su índole: desde la sensopercepción pura, hasta toda la compleja elaboración que origina el trato entre los individuos y grupos humanos en la realidad social.

temperamento. Igualmente, éste imprime en los individuos, de origen, una manera peculiar de reaccionar a la estimulación ambiental.[149] De ahí que también sea indispensable tenerlo en cuenta cuando procuramos comprender *la vida emocional del ser humano,* que es un desenlace del carácter.

> [...] la formación del carácter individual se determina por el efecto de las experiencias vitales –las del individuo y aquellas que derivan de la cultura— sobre el temperamento y la constitución física.[150] [...] El temperamento se refiere al *modo* de reacción y es algo constitucional e inmodificable; el carácter se forma esencialmente por las experiencias de la persona y, en especial, por las de su infancia y es modificable hasta cierto punto por el conocimiento de uno mismo y por nuevas experiencias. [151]

Así pues, la importancia del carácter en la vida emocional y racional estriba en que *organiza al temperamento, los sentimientos y el pensamiento*; significa que, como especie dotada de carga genética compartida, los seres humanos –según nuestro carác-

---

149 "El temperamento [...]se basa en la predisposición heredada del niño a mostrar patrones característicos de conducta, incluidas emocionalidad, actividad y sociabilidad. El temperamento de una persona puede observarse desde muy temprano y es estable a lo largo de la vida. Los estudios genéticos de la infancia a la niñez y la adolescencia muestran que, medido de diversas formas, el temperamento es altamente hereditario (Bates y Wachs, 1994; Goldsmith, Buss y Lemery, 1997; Rowe, 1997). Una de las formas en que se supone que el temperamento influye en la personalidad adulta es a través de la interacción social. Los niños con temperamentos distintos se comportan de manera diferente, y a su vez son tratados de forma disímil por otros, incluidos los adultos (Graziano, Jensen-Campbell y Sullivan-Logan, 1998). Los niños con temperamentos caracterizados por bajos niveles de emocionalidad negativa se desarrollan en niños benévolos, sensibles a las emociones de los demás (Eisenberg y otros, 1998)." Cloninger, Susan C (2003), *Teorías de la personalidad*...op. cit., p. 259.

150 Fromm, Erich, (2003), *Ética y psicoanálisis*... op. cit., p. 74.

151 Ibidem., p. 65.

ter— desarrollamos una forma particular de procesar, consciente e inconscientemente, lo que sentimos y nos mueve para actuar en la vida a fin de satisfacer nuestras necesidades existenciales de modo no sólo racional, sino pasionalmente.

VIII. EL CARÁCTER COMO SISTEMA

Previamente vimos que las pasiones son afanes, y que el "*carácter es el sistema relativamente permanente de todos los afanes no instintivos mediante los cuales el hombre* [sic] *se relaciona con el mundo humano y el natural.*"[152] De tal forma, advertimos que la vida individual, familiar y social de la humanidad es motivada por impulsos no sólo de raíz instintiva, sino también por aquellos adquiridos en la experiencia temprana y que constituyen al carácter.[153] Y aunque, como hemos sostenido, los sentimientos están detrás de toda expresión humana, éstos se manifiestan *en función* del sistema caracterial de individuos y grupos. Por ello, es esencial considerar al carácter en la conformación de la sociedad y la cultura, en nuestro caso, para explicarnos cómo se genera un carácter individual y social violento.

> El hombre [sic] se relaciona con otros de varias maneras: puede amar u odiar, puede competir o cooperar; puede edificar un sistema social basado en la igualdad o en la autoridad, en la libertad o en la opresión, pero debe estar relacionado de alguna manera y la forma particular en que lo hace es expresión de su carácter.[154]

---

152 Fromm, Erich, *Anatomía de la destructividad humana,* op. cit. p. 231.

153 Además de la influencia de las experiencias tempranas en la formación del carácter, recordemos, como se vio en la primera sección, cómo en estudios recientes se ha demostrado que también existe una participación de la herencia genética en su conformación que va más allá de la herencia del temperamento.

154 Fromm, Erich, *Anatomía de la destructividad humana,* op. cit., p. 72

Estas diversas interacciones, desde un enfoque dinámico y complejo, se integran en un arreglo sistémico en el cual la energía fluye en múltiples y distintas direcciones, pero *siempre* constante y recursivamente, es decir: se irradia en la sensibilidad, pensamiento y acción de cada individuo, en los grupos que éstos integran, así como en la sociedad y su cultura (I); y a su vez, en su calidad de carácter social, llega a construir una cultura que, asimismo, afecta el carácter de los grupos e individuos que la componen (II).

I

De acuerdo con su carácter, el ser humano se ve impelido –incluso más allá de su consciencia— a relacionarse con sus semejantes en los ambientes familiar y social; esto es, requiere, voluntariamente o no, dar solución al problema básico de su existencia, que implica satisfacer necesidades no sólo de sustento material, sino primordialmente: de dar sentido a su vida; de trascender o sentir que sus acciones tienen algún efecto entre los demás y, en general, en el entorno; de creer y esmerarse en algo o en alguien; de recibir estimulación continuamente; de sentirse arraigado a algún sitio y cultura; de pertenecer, ser reconocido y estar integrado a otros individuos y grupos; y de dar y recibir afecto.[155]

---

155 Cf. Fromm, Erich, *Anatomía de la destructividad*...op. cit., pp. 234-246. Por su parte, un interesante trabajo aborda el tópico de las necesidades humanas para el desarrollo, desde categorías existenciales y axiológicas: "La persona es un ser de necesidades múltiples e interdependientes. Por ello, las necesidades humanas deben entenderse como un sistema en las que las mismas se interrelacionan e interactúan [...] Las necesidades humanas pueden desagregarse conforme a múltiples criterios y las ciencias humanas ofrecen en este sentido una vasta y variada literatura. En este documento se combinan dos criterios posibles de desagregación: según *categorías existenciales* y según *categorías axiológicas*. Esta combinación permite operar con una clasificación que incluye, por una parte, las nece-

En resumen, el individuo procura dar satisfacción a su naturaleza y condición humana, racional y sensible, desde su muy particular postura ante la vida. Algunos buscan, por ejemplo, tener un efecto en su medio dominando y oprimiendo a sus semejantes, en tanto que otros se dirigen, por la vía afectuosa y entusiasta, hacia éstos o hacia alguna actividad; por consiguiente, los primeros pueden creer en la necesidad de ser temidos o admirados, y los segundos, sencillamente, en el amor al prójimo o a causas humanitarias.

Así, el carácter individual, en calidad de esfuerzo dinámico para intentar resolver problemas vitales como los referidos –y dado que es resultado importante de experiencias particulares, pero también compartidas en grupos como la familia—, llega a volverse propio de alguien, e igualmente del grupo cercano o, incluso, de otros no tanto, quienes consiguen respuestas favorables a sus problemas, mediante sistemas caracteriales cuya esencia es similar. En otras palabras, un sistema caracterial surge e influye *recursivamente*: en la familia, y ésta, provista de caracteres individuales integrados en un sistema de carácter familiar, también influye en las relaciones grupales a otros niveles.

II

La energía social humana es desplegada, en toda su intensidad y expansión, en el proceso de adaptarse al entorno y modificar éste a favor de la supervivencia de la especie; de tal manera, los esfuerzos se aplican al instituir modos de vida representados

---

sidades de *ser*, *tener*, *hacer* y *estar*; y por la otra, las necesidades de *subsistencia*, *protección*, *afecto*, *entendimiento*, *participación*, *ocio*, *creación*, *identidad* y *libertad*. Ambas categorías de necesidades pueden combinarse [...]" Manfred-Neef, Max, Elizalde, Antonio, y Hopenhayn, Martín (2010), *Desarrollo a escala humana. Opciones para el futuro*, Madrid, Biblioteca CF+S. Disponible en: *http://habitat.aq.upm.es/deh/*

culturalmente de forma distinta en las diversas sociedades. Y esto no sería posible sin un estilo *característico* –de cada grupo o sociedad— de imprimir su esfuerzo según el tipo de experiencias que, a nivel grupal, han impactado al conjunto social en su reacción adaptativa al contexto específico en que ha logrado subsistir y desarrollar su cultura.

> El carácter social [es] el núcleo esencial de la estructura del carácter de la mayoría de los miembros de un grupo; núcleo que se ha desarrollado como resultado de las experiencias básicas y los modos de vida comunes del grupo mismo.[156]

Por consiguiente, el carácter social genera cultura, que es la solución adaptativa o modo de resolver tanto las necesidades de sustento material, como las propias de la naturaleza y condición humanas. Y, a su vez, la cultura forja el carácter de los individuos y aquél que predomina y se torna social.

IX. LA CULTURA COMO ORIGEN Y RESULTADO DEL CARÁCTER

Desde un enfoque complejo acerca de la cultura, ha sido viable introducirnos a la comprensión de los relativismos y universales culturales de la humanidad. Esto, porque, por un lado, hemos podido apreciar al concepto de cultura en su calidad de respuesta adaptativa, racional y sentimental, con la que los distintos grupos humanos se crean un modo de vida o particular cosmovisión acorde a la realidad por ellos experimentada; y, por otro lado, debido a que dicha manera específica de emplear la energía individual y colectiva, asimismo, es componente de un abanico de posibilidades originado desde una naturaleza humana única y compartida, palpable más allá de sus distintas manifestaciones culturales.

---

[156] Fromm, Erich, *El miedo a la libertad...* op. cit., p. 315

De tal forma, podemos ahora entender cómo la diversidad cultural es una proyección de diferentes modos de ser de los grupos sociales; es decir, de sus caracteres socialmente compartidos con los cuales logran satisfacer sus necesidades existenciales según el entorno en que se desenvuelven. Y por esto, al comparar las culturas podemos observar cómo, en su calidad de respuestas disímiles –pero exitosas— de supervivencia, a su vez, influyen en los grupos e individuos que en ellas conviven, se relacionan y regeneran culturalmente.

Así pues, en cuanto a la comparación de las culturas se ha escrito mucho, pero entre lo más reconocido está un estudio, ampliamente replicado y validado, sobre cuyos fundamentos se construyó un modelo dimensional que permite comparar los tipos de cultura y los rasgos de comportamiento social característicos prevalecientes en ellas.[157]

Recordemos que la ventaja de abordar dimensionalmente un objeto de investigación estriba en que se le puede analizar como continuum, lo cual involucra examinarlo en calidad de un todo cuyo dinamismo se expresa en múltiples fases, que no equivale a segmentarlo y atribuir a cada sección categorías –o tipologías[158]— con propiedades específicas, modelo éste que disminuye la comprensión sistémica de lo estudiado.

Este constructo, inicialmente, partió de comparar las diferencias culturales a nivel nacional y organizacional con base en el análisis de los modos de entender la vida de empleados de la corporación IBM en cuarenta países del mundo; investigación que, posteriormente, fue repetida en otros trabajos con diversos tipos de muestras que reforzaron los hallazgos encontrados en la inda-

---

157 Hofstede, Geert, Hofstede, Geert Jan, y Minkov, Michael (2010) *Cultures and Organizations: Software of the Mind. Intercultural Cooperation and Its Importance for Survival*, New York, Mc. Graw Hill.

158 Ibidem, p. 31.

gación original. Tales estudios fueron realizados con base en las teorizaciones sobre los rasgos de la personalidad, en particular la de los Cinco Grandes, que ya abordamos en la primera sección. No obstante, esta indagación va más allá y también explora no sólo los rasgos de comportamiento característicos que predominan entre los individuos de una sociedad, sino que aporta interpretaciones interesantes acerca de las motivaciones detrás de los mismos. Veamos lo que nos resulta importante para el asunto que ahora nos ocupa.

El trabajo plantea un modelo de seis dimensiones de apreciación y contraste empírico de las culturas a nivel mundial, con una escala de 0 a 100, en el que se puntearon entre 76 y 93 países en cada dimensión.[159]

El proceso de elaborar las seis dimensiones llevó muchas décadas, y tuvo como antecedente la consideración de problemas básicos presentes en todas las culturas como los siguientes:

- La relación con la autoridad,
- la concepción de sí mismo, en particular:
    - La relación del individuo con la sociedad y
    - Las concepciones individuales de masculinidad y feminidad
- Las maneras de lidiar con los conflictos, incluidos el control de la agresión y la expresión de los sentimientos.[160]

Esto llevó a que se realizara un análisis estadístico sobre los valores presentes en empleados similares de la empresa IBM de diversos países, el cual reveló problemas comunes, pero con soluciones que diferían de un país a otro en torno a las siguientes cuestiones:

- La desigualdad social, incluida la relación con la autoridad.

---

159 Ibid., p. 35, 57-59, 282-285; también, Boatright, John R., et. al. (2021), *Valores y Ética para el Siglo XXI*, España, BBVA, p. 420.

160 Hofstede, Geert, Hofstede, Geert Jan, y Minkov, Michael (2010) *Cultures and Organizations: Software*...p. 30 (traducción propia).

- Las relaciones entre el individuo y el grupo.
- Los conceptos de masculinidad y feminidad: las implicaciones sociales y emocionales de haber nacido hombre o mujer.
- Las maneras de lidiar con la incertidumbre y la ambigüedad relacionadas con el control de la agresión y la expresión de las emociones.[161]

Con esta base, en el estudio más acabado hasta el año 2010, se planteó un modelo que primero fue de cuatro y se amplió a las siguientes seis dimensiones:

1. Distancia del poder (grande frente a pequeña) en relación con las soluciones al problema básico de la desigualdad humana.
2. Individualismo frente a colectivismo, en relación con la integración de los individuos en los grupos primarios.
3. Masculinidad frente a feminidad, en relación con la división de roles emocionales entre hombres y mujeres.
4. Evasión de la incertidumbre (fuerte frente a débil) en relación con el nivel de estrés de una sociedad ante un futuro desconocido.
5. Orientación a largo plazo frente a orientación a corto plazo, en relación con el enfoque elegido por los miembros de la sociedad para dirigir sus esfuerzos: hacia el futuro o hacia el presente y el pasado.
6. Indulgencia frente a control, en relación con el nivel de satisfacción del deseo de disfrutar de la vida.[162]

Ahora bien, en la base teórica de este estudio se concibe respecto a la cultura lo siguiente:

---

161 Idem.

162 Boatright, John R., et. al. (2012), *Valores y Ética para el Siglo XXI…*, p. 420.

> En antropología social, cultura es un lema para todos aquellos patrones de pensar, sentir y actuar [...] No sólo se incluyen las actividades que se supone que refinan la mente, sino también las cosas ordinarias y serviles de la vida: saludar, comer, mostrar o no mostrar sentimientos, mantener una cierta distancia física de los demás, hacer el amor y mantener la higiene corporal [...] La cultura es siempre un fenómeno colectivo, la cultura consiste en las reglas no escritas del juego social. Es la programación colectiva de la mente lo que distingue a los miembros de un grupo o categoría de personas de los demás.[163]

Podemos advertir la coincidencia con lo expuesto más arriba en esta obra; si acaso, tuviera –como lo hacen los autores— que precisarse que la alusión "programación colectiva" no es sino una metáfora, ya que la mente humana no se programa como se hace un software. Así pues, comencemos destacando algunos aspectos de los hallazgos encontrados y descritos dimensionalmente en el comparativo:

1. *Distancia del Poder* (*grande frente a pequeña*) *en relación con las soluciones al problema básico de la desigualdad humana.* Concierne a la actitud cultural que se asume en distintas sociedades con relación a las figuras de autoridad. Se describe el distanciamiento o cercanía hacia éstas, por parte de las personas y grupos según su clase social, nivel educativo, ocupación, etcétera. Autoridades en la familia, los ámbitos como la escuela, la atención médica, el lugar de trabajo o el de la función pública.

   Resulta interesante cómo en los países con más desarrollo económico y social, el trato entre las personas comunes y las que poseen algún tipo de autoridad es más horizontal: existe mayor cercanía o trato igualitario recíprocamente. En cambio, en países con mayor retraso, el distanciamien-

---

163 Hofstede, Geert, Hofstede, Geert Jan, y Minkov, Michael (2010) *Cultures and Organizations: Software...*, op. cit., pp. 6-7 (traducción propia).

to hacia la autoridad es mayor y el trato resulta verticalizado; es decir, tanto los que gozan de autoridad como quienes no la poseen, interactúan asumiendo roles de poder y sumisión, lo cual a menudo deriva en actitudes de hostilidad encubierta o franca hacia quien ordena. Significa que pueden producirse posturas agresivas o de resentimiento hacia la autoridad pese a la sumisión; sin embargo, cuando quien está sometido logra asumir un rol de autoridad, no es capaz de actuar conforme al mismo. Así pues, tales culturas muestran mayor conflicto y distanciamiento hacia la autoridad. Muy ilustrativa resulta la definición de Hofstede: "La distancia del poder se relaciona con la desigualdad en las rentas, el respeto por las personas mayores, la polarización y la violencia en la política nacional."[164]

Diferencias clave entre sociedades con culturas de pequeña y gran distancia del poder

SOCIEDADES CON PEQUEÑA DISTANCIA DEL PODER	SOCIEDADES CON GRAN DISTANCIA DEL PODER
El uso del poder debe ser legítimo y seguir los criterios del bien y del mal	El poder debería prevalecer sobre el derecho: quien ostenta el poder es justo y bueno
Las habilidades, la riqueza, el poder y el estatus no tienen por qué ir de la mano	La habilidad, la riqueza, el poder y el estatus deben ir juntos
La mayoría son países ricos con una amplia clase media	La mayoría son países pobres con una pequeña clase media
Todos deben tener los mismos derechos	Los poderosos deben tener privilegios
El poder se basa en la posición formal, la experiencia y la capacidad de recompensar	El poder se basa en la tradición o la familia, el carisma y la capacidad de usar la fuerza

164 Hofstede, Gert, (2012), "Culturas nacionales, culturas organizacionales y el papel de la gestión empresarial", en Boatright, John R., et. al. (2021), *Valores y Ética para el Siglo XXI…*, op. cit.

La forma de cambiar un sistema político es cambiando las reglas (evolución)	La forma de cambiar un sistema político es cambiando a las personas que están en la cima (revolución)
Hay más diálogo y menos violencia en la política nacional	Hay menos diálogo y más violencia en la política nacional
Gobiernos pluralistas basados en el resultado de votaciones mayoritarias	Gobiernos autocráticos u oligárquicos basados en la cooptación
El espectro político muestra un fuerte centro y débiles alas derecha e izquierda	El espectro político, si se permite que exista, tiene un centro débil y fuertes alas derecha e izquierda
Hay pequeñas diferencias de renta en la sociedad, reducidas aún más por el sistema fiscal	Hay grandes diferencias de renta en la sociedad, incrementadas por el sistema fiscal
Los escándalos acaban con las carreras políticas de los implicados	Los escándalos en los que están implicados quienes tienen poder suelen encubrirse

Parece existir una relación entre el área lingüística y la mentalidad detrás de la forma de relacionarse actualmente, en lo que respecta a la distancia del poder. El hecho de que un país pertenezca a un área lingüística tiene sus raíces históricas: todas las lenguas románicas derivan del bajo latín y se adoptaron en países que en su día formaron parte del Imperio Romano o, en el caso de Luxemburgo, del Imperio Británico. Fueron países que formaron parte del Imperio Romano o, en el caso de América Latina, países colonizados por España y Portugal, que a su vez fueron colonias de Roma. Por su parte, las lenguas germánicas se hablan en países que seguían siendo “bárbaros” en la época romana, en zonas que una vez estuvieron bajo dominio romano, pero fueron reconquistadas por los bárbaros (como Inglaterra), y en antiguas colonias de estas entidades.[165]

Así pues, algunas raíces del programa o representación mental llamado distancia del poder se remontan al me-

165 Cf. Hofstede, Geert, Hofstede, Geert Jan, y Minkov, Michael (2010) *Cultures and Organizations: Software...*, op. cit., pp. 83-84.

nos a la época romana, hace dos mil años. Los países con una herencia cultural china (confuciana), también se sitúan en la parte media o alta de la escala de distancia del poder y son portadores de una cultura de al menos cuatro mil años de antigüedad. Ninguno de nosotros estaba presente cuando las pautas culturales empezaron a divergir entre los pueblos: la atribución de las causas de estas diferencias es una cuestión de especulación fundamentada en fuentes históricas y prehistóricas. Tanto el imperio romano como el chino estaban gobernados desde un único centro de poder, lo que presupone una población dispuesta a recibir órdenes del centro. La parte germánica de Europa, en cambio, estaba dividida en pequeños grupos tribales bajo señores locales que no estaban dispuestos a aceptar directivas. Parece razonable, pues, suponer que las primeras experiencias estatales a desarrollar en estos pueblos fueron las programaciones mentales comunes necesarias (léase, carácter social) para la supervivencia de sus sistemas políticos y sociales.[166]

2. *Individualismo frente a Colectivismo, en relación con la integración de los individuos en los grupos primarios.* El significado que en el estudio comparativo –aquí referido— se da al colectivismo en las sociedades, no alude a estructuras políticas sino a la integración de los individuos en familias extendidas, dentro de las que las relaciones son de estrecha interdependencia y prevalece el sentido de "nosotros" en lugar de "yo". Por consiguiente, es altamente valorada la lealtad al grupo familiar e, incluso, la toma de decisiones no se hace en lo individual estrictamente, pues resulta importante la aprobación del citado grupo. Por su parte, las sociedades individualistas son aquellas en que el individuo se desarrolla en la familia nuclear, por lo que la

---

[166] Idem.

interacción con otros parientes es más distante, ocasional o rara; se valora mucho el desarrollo de la individualidad y la independencia en la toma de decisiones, y tanto en la escuela como en otros sitios las relaciones se establecen por afinidad de intereses más que por vínculos familiares.

En las sociedades colectivistas se aprenden actitudes de mucha interdependencia –que se tornan inconscientes—, por lo que, a menudo, el punto de vista del grupo familiar extendido (padres, tíos, abuelos, etc.) resulta decisivo en las vidas de todos y cada uno de sus integrantes; a los individuos les cuesta mucho tener confianza en alguien desconocido, y ésta se consigue por mediación de alguien que tenga cercanía con quien resulta extraño. En cambio, en las sociedades individualistas, las decisiones y los vínculos son un asunto personal, por lo que existe un vínculo familiar que no afecta las interacciones del individuo con personas cercanas o extrañas, la libertad de decisiones y de acción es cotidiana.

En países donde prevalece la cultura colectivista, también predomina la distancia del poder (relaciones verticales de sumisión o conflicto hacia la autoridad); en tanto en aquellos en que el individualismo es más valorado, son culturas con cercanía al poder (relaciones horizontales con las figuras de autoridad). De tal manera, en las primeras, las familias extendidas poseen una estructura patriarcal en la cual la cabeza de familia posee una fuerte autoridad moral, es decir, las personas dependen más del grupo, por lo que también son más dependientes de las figuras de autoridad; en cambio, en las culturas en que las personas son relativamente independientes de los grupos familiares, generalmente, también son menos dependientes de otras figuras con autoridad.[167] Sin embargo, hay excepciones, por ejemplo:

---

[167] Cf. Cf. Hofstede, Geert, Hofstede, Geert Jan, y Minkov, Michael (2010) *Cultures and Organizations: Software...*, op. cit., pp. 103-104.

> En los países de Europa Latina, y en particular Francia y Bélgica, se combinan distancias medias del poder con fuerte individualismo [...] En el lado opuesto, de pequeña distancia del poder combinada con colectivismo medio, se encontró en Austria e Israel, y la distancia de poder bastante pequeña se combina con un fuerte colectivismo en Costa Rica [...] república ampliamente reconocida como una excepción a la regla de la alta dependencia hacia los líderes poderosos en el resto de los países latinoamericanos [...] Costa Rica no tiene un ejército formal. Es descrita como la "democracia más arraigada" de América Latina, a pesar de su relativa pobreza en comparación con las economías industriales de mercado del mundo.[168]

En las familias colectivistas los niños aprenden a orientarse por lo que opinan otros. Sus opiniones son predeterminadas por el grupo, y las expectativas sobre ellos es que cuando crezcan y obtengan un trabajo, compartan su producto con la familia. Por el contrario, en las culturas individualistas, suele ser orgullo que los hijos trabajen y logren su independencia del grupo familiar. Las culturas colectivistas valoran los vínculos con extraños pero que pertenezcan a otros grupos, se establecen así los "compadrazgos" que vinculan grupos distintos, las celebraciones colectivas son muy importantes (bautizos, bodas, funerales) y la extroversión no predomina en sus individuos cuando se reúnen, es más importante el estar juntos, aunque sea sin mucha comunicación. Por el contrario, en las culturas individualistas, la extroversión es muy frecuente y la comunicación verbal cuando las personas se reúnen también, pero dichas reuniones dependen más de la afinidad mutua que de los lazos de parentesco.

> Los factores históricos, aparte de los económicos, también pueden explicar parte de las diferencias entre países en esta dimensión, aunque no tan claramente como en el caso de la influencia del Imperio Romano en la

---

[168] Ibidem, p. 104

> distancia del poder. La influencia de las enseñanzas de Confucio en los países de Asia Oriental apoya el mantenimiento de un sistema de valores colectivistas. Por otra parte, en algunas partes de Europa Occidental, en particular en Inglaterra, Escocia y los Países Bajos, los valores individualistas podían reconocerse hace siglos, cuando el ciudadano medio de estos países era todavía bastante pobre y las economías eran abrumadoramente rurales. La India es otro ejemplo de país con una cultura bastante individualista a pesar de la pobreza.[169]

3. *Masculinidad frente a feminidad, en relación con la división de roles emocionales entre hombres y mujeres.* En esta dimensión, se contrastan sociedades en que la mentalidad o forma de ser, en la mayoría de sus integrantes, se inclina más hacia la "masculinidad" o a la "feminidad" a partir de las diferencias de género, no de las biológicas entre hombre y mujer, pues estas últimas son las mismas en cualesquiera de las culturas humanas; en cambio, el aprendizaje de los roles de género y el comportamiento asociado a éstos varían de una cultura a otra, diferencias emanadas de rasgos característicos prevalecientes en ellas.

   En la comparación, se parte de considerar más masculinos aquellos comportamientos culturales más asertivos, incluso exagerados, que llegan a caer en la fanfarronería; en la contraparte, los rasgos mayormente orientados a la modestia son asociados a la feminidad. De este modo, existen sociedades que, aun cuando están muy parejas en las dimensiones *Distancia del Poder* e *Individualismo frente a Colectivismo* (como es el caso de las sociedades norteamericana y la holandesa), resultan muy disímiles en la dimensión *Masculinidad frente a Feminidad.* En esto último, en dichas sociedades, las personas –hombres y mujeres— son más propensos a desempeñarse con mayor asertivi-

169 Ibid., p. 133.

dad o con mayor modestia, según el rasgo predominante. Como se observa, la masculinidad y la feminidad trasciende a las sociedades tradicionales, puesto que también está presente en las más modernizadas.

> Esto es evidente en la distribución de hombres y mujeres en determinadas profesiones. Las mujeres dominan como doctoras en Rusia, como dentistas en Bélgica y como comerciantes en partes de África occidental. Los hombres dominan como mecanógrafos en Pakistán y constituyen una proporción considerable de enfermeros en los Países Bajos. Mujeres en puestos gerenciales son prácticamente inexistentes en Japón, pero frecuentes en Filipinas y Tailandia.[170]

No obstante, tales variaciones, tanto en los países tradicionalistas como en los más modernizados, existe una tendencia compartida en la distribución social de los roles de sexo. Por ejemplo, las actividades de los hombres se desempeñan mayormente fuera del hogar, en tanto que las de las mujeres continúan muy ligadas al hogar y cuidado de los hijos. Por esto, en el contraste de comportamientos de las sociedades comparadas, resulta más pertinente la distinción entre roles de género. Así, en esta dimensión:

> Una sociedad se llama masculina cuando los roles emocionales de género están claramente definidos con respecto a esta diferencia: que los hombres son asertivos, duros y más centrados en el éxito material, mientras que las mujeres son más modestas, tiernas y preocupadas en cuanto a la calidad de vida. Una sociedad se llama femenina cuando los roles emocionales de género se superponen: tanto los hombres como las mujeres deben ser modestos, tiernos y preocupados con la calidad de vida.[171]

---

170 Ibid., p. 137.

171 Ibid., p. 140.

A diferencia del individualismo, la masculinidad no está relacionada con el grado de desarrollo económico de los países. Existen tanto países ricos como pobres, con mayor o menor grado de masculinidad o feminidad.

> Los países con mayor puntuación femenina [...] fueron Suecia, Noruega, Letonia, Países Bajos y Dinamarca; Finlandia estuvo cerca con una clasificación [un poco menor], además de algunos con idioma ligado al latín: Costa Rica, Chile, Portugal, Guatemala, Uruguay, El Salvador, Perú, España y Francia; y algunos países de Europa del Este: Eslovenia, Lituania, Estonia, Rusia, Croacia, Bulgaria, Rumania y Serbia. De Asia se incluyen Tailandia, Corea del Sur, Vietnam e Irán. Otras nueve culturas fueron la antigua colonia holandesa de Surinam en el sur de América, los flamencos (belgas de habla holandesa) y los países del Región de África Oriental.
>
> [En cuanto a la puntuación masculina] todos los países anglosajones: Irlanda, Jamaica, Gran Bretaña, Sudáfrica, Estados Unidos, Australia, Nueva Zelanda y Trinidad. También de Europa están Eslovaquia (con el puesto 1), Hungría, Austria, Suiza alemana, Italia, Alemania, Polonia, y los belgas y suizos francófonos. En Asia se encuentran Japón (puesto 2), China y Filipinas. De América Latina [...] Venezuela, México, Colombia y Ecuador [...] Estados Unidos [obtuvo menor puntuación que los anteriores, en tanto que] Holanda [está al extremo entre los países femeninos], por lo que estos dos [mencionados al principio] [están] marcadamente alejados.[172]

Algunas diferencias clave entre sociedades femeninas y masculinas

FEMENINAS	MASCULINAS
Las relaciones y calidad de vida son importantes	El reto, los ingresos, el reconocimiento y el progreso son importantes

[172] Ibid., p.145.

Tanto los hombres como las mujeres deben ser modestos	Los hombres deben ser asertivos, ambiciosos y recios
Tanto los hombres como las mujeres deben ser tiernos y centrarse en las relaciones	Las mujeres supuestamente deben ser tiernas y cuidar de las relaciones
En la familia, tanto los padres como las madres se ocupan de los hechos y los sentimientos	En la familia, los padres se ocupan de los hechos y las madres de los sentimientos
Ser responsable, decidido, ambicioso, cariñoso y amable es igual para hombres y mujeres	Ser responsable, decidido y ambicioso es para los hombres; ser cariñoso y gentil es para las mujeres.
Las mujeres no están para aplaudir a los hombres	La ambición de las mujeres se canaliza hacia el éxito de los hombres
La liberación de la mujer significa que hombres y mujeres participen por igual tanto en la casa como en el trabajo	La liberación de la mujer significa que las mujeres accedan a puestos hasta ahora ocupados por hombres
Los niños son socializados para no ser agresivos	Se aceptan las agresiones infantiles
Resolución de conflictos mediante el compromiso y la negociación	Resolución de conflictos dejando ganar al más fuerte
Ideal de la sociedad del bienestar: ayuda a los necesitados	Ideal de la sociedad del rendimiento: apoyo a los fuertes
Sociedad permisiva	Sociedad correctiva
Los inmigrantes deben integrarse	Los inmigrantes deben asimilarse

La antropóloga Margaret Mead descubrió en Nueva Guinea distribuciones de roles de género entre grupos tribales adyacentes. Demostró que la historia y la tradición permiten la supervivencia de una variedad considerable de roles de género.

No encontramos correlaciones sólidas con factores externos que pudieran explicar por qué algunos países tienen culturas masculinas dominantes, mientras que otros, culturas femeninas dominantes. Las culturas femeninas son algo más probables en climas más fríos, lo que sugiere que en este caso una asociación igualitaria entre hombres y mujeres mejora las posibilidades de supervivencia y crecimiento de la población.

> La concentración de culturas femeninas en el noroeste de Europa (Dinamarca, Finlandia, Países Bajos, Noruega y Suecia) apunta a factores históricos comunes. Las élites de estos países estaban formadas en gran parte por comerciantes y marinos. En el comercio y la navegación, mantener buenas relaciones interpersonales y el cuidado de los barcos y las mercancías son virtudes esenciales. El periodo vikingo en los países escandinavos (800-1000 d.C.) también supuso que las mujeres tuvieran que gestionar los poblados mientras los hombres realizaban largos viajes. La Liga Hanseática (1200-1500 d.C.) abarcaba todos los países del noroeste de Europa, incluidas las ciudades libres de Hamburgo, Bremen y Lübeck, en el norte de Alemania, y los estados bálticos. La Hansa era una asociación libre de ciudades comerciales en la que las mujeres desempeñaban un papel importante: Aunque la esposa no compartía el estatus legal del marido, formaban un equipo comercial. Incluso en los círculos mercantiles, la familia era la célula funcional más pequeña de la sociedad, donde las mujeres y los niños desempeñaban un papel importante. Esto significaba que las mujeres tenían un cierto grado de emancipación, y su independencia y habilidades empresariales aumentaron. De hecho, algunas mujeres lograron ganar la "batalla por los pantalones" incluso mientras sus maridos aún vivían.[173]

4. *Evasión de la incertidumbre (fuerte frente a débil) en relación con el nivel de estrés de una sociedad ante un futuro desconocido.* Esta dimensión compete a la incertidumbre acerca de lo que puede acontecer en la vida individual, grupal o social en general. A la confrontación humana de no saber qué ocurrirá en el futuro que, aunque incierto, de cualquier manera, tenemos que vivir.[174]

   Tal circunstancia, genera mucha intolerancia hacia la incertidumbre que, incluso, puede derivar en xenofobia, desconfianza en lo que afirman los expertos, en las leyes y normas en general. La esencia de la incertidumbre

---

[173] Ibid., p. 182.

[174] Cf. Ibid., pp. 189-191.

es que es una experiencia subjetiva, un sentimiento[175] que puede ser compartido socialmente. Esto es definido como *la medida en que los miembros de una cultura se sienten amenazados por situaciones ambiguas o desconocidas:*

> Esos sentimientos y las formas de afrontarlos pertenecen al patrimonio cultural de las sociedades. Se transfieren y refuerzan a través de instituciones básicas como la familia, la escuela y el Estado. Los valores sostenidos colectivamente por los miembros de una sociedad en particular los reflejan. Sus raíces son *irracionales*. Conducen a patrones colectivos de comportamiento en una sociedad que pueden parecer aberrantes e incomprensibles para los miembros de otras sociedades.[176]

El estudio expone diferencias culturales que no se ligan, necesariamente, con los niveles de desarrollo económico y social, de modo que países semejantes en tal sentido, exhiben diferencias culturales en la forma de lidiar con la incertidumbre. En aquellos donde se logra una fuerte evitación de la incertidumbre, los individuos y grupos pueden dar la impresión de estar más ocupados, ser más incisivos y desconfiados, con mayor contención de la emocionalidad y que, por lo mismo, suelen contraer con mayor facilidad enfermedades cardiovasculares; en cambio, en los países en que la evitación de la ansiedad es débil, los individuos pueden dar la impresión de ser aburridos, indolentes, controlados y hasta perezosos.

---

175 Ibid., p. 189.

176 "Those feelings and the ways of coping with them belong to the cultural heritage of societies. They are transferred and reinforced through basic institutions such as the family, the school, and the state. The collectively held values of the members of a particular society refl ect them. Their roots are nonrational. They lead to collective patterns of behavior in one society that may seem aberrant and incomprehensible to members of other societies." Ibid., pp. 189-190 (cursivas mías).

Los países con evitación fuerte de la ansiedad correlacionan con el rasgo de neuroticismo y poca amabilidad (de los 5 grandes rasgos de personalidad que vimos más arriba "Big Five"); asimismo, las puntuaciones de neuroticismo aumentan, aún más, si la cultura también es proclive al machismo. *Neuroticismo* (lo opuesto a la estabilidad emocional) combina el siguiente conjunto de facetas de personalidad evaluadas: ansiedad, hostilidad colérica, depresión, timidez, impulsividad y vulnerabilidad; en cambio, *amabilidad* combina confianza, franqueza, altruismo, cumplimiento, modestia y ternura.

> Evitar la incertidumbre no debe confundirse con evitar el riesgo. Incertidumbre es arriesgarse como la ansiedad es temer. Tanto el miedo como el riesgo se centran en algo específico: un objeto en el caso del miedo, y un evento en el caso de riesgo. El riesgo a menudo se expresa como un porcentaje de probabilidad de que un evento determinado ocurrirá. La ansiedad y la incertidumbre son sentimientos difusos. La ansiedad [...] no tiene objeto. La incertidumbre no tiene probabilidad de que algo ocurra. Es una situación en la que todo puede pasar y no tener idea de qué. Tan pronto como la incertidumbre se expresa como riesgo, deja de ser fuente de ansiedad. Puede convertirse en una fuente de miedo, pero también puede ser aceptado como rutina, como los riesgos de conducir un automóvil a alta velocidad o practicar un deporte. [177]

De tal modo, las culturas con fuerte evitación de la ansiedad no persiguen reducir el riesgo, sino la ambigüedad; evitar la incertidumbre conduce a una reducción de la ambigüedad. Las personas en tales culturas buscan estructura en sus organizaciones, instituciones y relaciones, lo cual hace que los eventos sean claramente interpretables y predecibles. Así, paradójicamente, con frecuencia están preparadas para asumir comportamientos

---

[177] Ibid., p. 197.

de riesgo con el fin de reducir las ambigüedades, tales como iniciar una pelea con un adversario potencial, en lugar de sentarse y esperar.[178] Existe un continuo estrés que las arroja a conducir más rápido en autopistas para ahorrar tiempo, aún a costa de poner en riesgo sus vidas.

Por su parte, en los países con una evasión de la incertidumbre más débil, en las personas prevalece menos el sentido de urgencia y, por lo tanto, tienen –por ejemplo— mayor aceptación pública de un límite de velocidad inferior al conducir vehículos. No sólo los riesgos a los que están familiarizados, sino también los riesgos desconocidos son aceptados: como aquéllos involucrados en un cambio de trabajo o en participar en actividades para las que no hay reglas.[179]

Diferencias entre evitación débil y fuerte de la ansiedad en las sociedades

EVITACIÓN DÉBIL DE LA INCERTIDUMBRE	EVITACIÓN FUERTE DE LA INCERTIDUMBRE
La incertidumbre es una característica normal de vida, y cada día se vive como viene	La incertidumbre inherente a la vida es una amenaza que hay que combatir
Poco estrés y poca ansiedad	Mucho estrés y mucha ansiedad
La agresión y las emociones no deben ser mostradas	La agresividad y las emociones son ventiladas, desahogadas en el momento y lugar apropiados
En los tests de personalidad, se puntea alto en amabilidad	En los tests de personalidad, se puntea alto en neuroticismo (inestabilidad emocional)
La vida familiar es relajada	La vida familiar es estresante
En el trabajo no debe haber más normas que las estrictamente necesarias	En el trabajo hay una necesidad emocional de normas, aunque no funcionen

178 Cf. Ibid., pp. 197-198.

179 Cf. Ibid., p. 198.

En el trabajo el tiempo es un marco de orientación	En el trabajo el tiempo es dinero
Los resultados son rápidos en caso de recursos ante la justicia	Los resultados son lentos en caso de recursos ante la justicia
La protesta ciudadana es aceptable	La protesta ciudadana debe ser reprimida
Los ciudadanos se interesan en la política	Los ciudadanos no tienen interés en la política
Mayor tolerancia étnica	Mayor prejuicio étnico
Nadie debe ser perseguido por sus creencias	Más intolerancia religiosa, política e intolerancia ideológica y presencia de fundamentalismo
Menor riesgo de conflictos intergrupales violentos	Alto riesgo de conflictos intergrupales violentos
Positivos o neutrales hacia los extranjeros	Xenofobia
Los refugiados deben ser admitidos	Los inmigrantes deben ser devueltos
Nacionalismo defensivo	Nacionalismo agresivo

Los orígenes de la evitación de la incertidumbre podrían remontarse, nuevamente, hasta el Imperio Romano hace dos mil años. En Asia Oriental, el origen se remonta, aún más, al antiguo Imperio Chino. Ambos imperios dejaron un legado de grandes distancias de poder.

En el caso de evitar la incertidumbre, volvemos a encontrar juntos a los países de lengua románica; todos estos herederos del Imperio Romano se sitúan en el lado de la fuerte evitación de la incertidumbre. Los países de habla china, Taiwán, Hong Kong y Singapur puntúan bajo en la evitación de la incertidumbre, al igual que los países con importantes minorías de origen chino: Tailandia, Indonesia, Filipinas y Malasia.

Tanto el Imperio Romano como el chino, fueron poderosos gobiernos centralizados que favorecieron un patrón cultural en sus poblaciones, preparado para acatar órdenes del centro. No obstante, los dos imperios diferían en un importante aspecto: mientras el Imperio Romano había desarrollado un sistema único de leyes que en principio se aplicaban a todas las personas con estatuto de ciudadano, independientemente de su origen, por su parte, el Imperio Chino nunca conoció este concepto del derecho. El principal principio continuo de la administración china se ha descrito como "gobierno del hombre", en contraste con la idea romana de "gobierno por la ley". Los jueces chinos debían guiarse por amplios principios generales, como los atribuidos a Confucio.

Así pues, el contraste entre las dos tradiciones intelectuales explica que los países de herencia romana obtuvieran puntajes más altos en la evitación fuerte de la ansiedad que los países con herencia china.

Este es otro claro ejemplo de la influencia de las profundas raíces históricas en las diferencias culturales nacionales. Y su importancia debería mostrarnos su gran influencia cuando pensamos acerca de lograr cambios fundamentales en estas formas de enfrentar la incertidumbre durante nuestra vida actual.

Mientras que las diferencias en la distancia de poder están estadísticamente relacionadas con la latitud geográfica, el tamaño de la población y la riqueza nacional, esto no sucede tan ampliamente en el caso de la evitación de la incertidumbre. La relación entre ésta y el crecimiento económico varía según la región y el período: fue negativa en Europa durante el periodo 1925-50, porque los países que más evitaban la incertidumbre fueron más activamente beligerantes en la Segunda Guerra Mundial, y sus economías sufrieron mucho. Después de 1950 la relación se revirtió a medida que se recuperaban. En definitiva, el análisis comparativo no permite identificar ninguna fuente general de debilidad, o una fuerte evitación de la incertidumbre, aparte de la historia.[180]

5. *Orientación a largo plazo frente a orientación a corto plazo, en relación con el enfoque elegido por los miembros de la sociedad para dirigir sus esfuerzos: hacia el futuro o hacia el presente y el pasado.* Esta dimensión fue captada como relevante una vez que los investigadores percibieron la importancia de explorar y preguntar en sus cuestionarios internacionales cómo algunas culturas, como la china, habían conseguido crecimiento económico reciente. No se trataba de niveles de riqueza, sino de que tales logros fueron predichos como resultado de una forma de apreciar y comportarse en las relaciones de grupo; por ejemplo, la persistencia y el ahorro como orientaciones hacia el futuro, en tanto que la estabilidad y la tradición pueden verse como una orientación estática hacia el presente y la tradición.[181]Tales actitudes, llevaron a considerar y definir esta quinta dimensión de la siguiente manera:

> la orientación a largo plazo representa el fomento de virtudes orientadas a recompensas futuras, en particular, la perseverancia y
>
> y el ahorro. Su polo opuesto, la orientación a corto plazo, representa el fomento de las virtudes relacionadas con el pasado y el presente, en particular, el respeto por la tradición, esto es, el respeto por el pasado y el presente, así como el cumplimiento de las obligaciones sociales.[182]

Aunque la cantidad de países comparados en esta dimensión fue menor a la mitad de las anteriores mediciones (sólo fueron veinte), los puntajes ponen en los primeros

---

180 Cf. Ibid., pp. 232-233.

181 Cf. Ibid., p. 239.

182 Ídem

lugares a los países asiáticos: China en primer lugar seguido por Japón, Hong Kong, Taiwan y Corea del Sur. Tales países tuvieron un rápido crecimiento económico; los países europeos continentales mostraron un puntaje intermedio, en tanto que Gran Bretaña y sus socios anglosajones Australia, Nueva Zelanda, Estados Unidos y Canadá se situaron en posiciones inferiores. Y más aún los países africanos Zimbabue y Nigeria, al igual que, por su parte, Filipinas y Pakistán.[183]

Las mediciones que se hicieron sobre la forma de ser y lo que importa a los trabajadores de empresa, en las sociedades con orientación a largo plazo y las que poseen orientación a corto plazo, son muy reveladoras de las características prevalecientes en ambos tipos de sociedades:[184]

Diferencias entre países con orientación a corto y a largo plazo

ORIENTACIÓN A CORTO PLAZO	ORIENTACIÓN A LARGO PLAZO
En los centros de trabajo los principales valores incluyen la libertad, los logros y pensar por uno mismo	En los centros de trabajo los principales valores incluyen el aprendizaje, la honestidad, adaptabilidad, responsabilidad y autodisciplina
El tiempo para el ocio es importante	El tiempo para el ocio no tiene importancia
En los centros de trabajo la atención se centra en "el balance final"	En los centros de trabajo la atención se centra en la posición en el mercado
En los centros de trabajo lo que importa es la ganancia de este año	En los centros de trabajo se da importancia a las ganancias dentro de un margen de diez años a partir de ahora
Los directivos y trabajadores están en campos psicológicos distintos	Propietarios-directivos y trabajadores comparten las mismas aspiraciones

183 Cf. Íd.

184 Cf. Ibid., p.243.

Importa la meritocracia, recompensar las capacidades	Las grandes diferencias sociales y económicas son indeseables
Las lealtades personales varían con las necesidades de la empresa	Se invierte en formar la vida personal dentro de grandes redes sociales
Preocupación por poseer la verdad	Preocupación por respetar las exigencias de la virtud
Existen guías universales acerca de lo que es bueno y malo	Qué es bueno y qué es malo dependen de las circunstancias
Insatisfacción con las propias contribuciones en las relaciones humanas cotidianas y en corregir la injusticia	Satisfacción con las propias contribuciones en las relaciones humanas cotidianas y en la corrección de la injusticia
Materia y espíritu están separados	Materia y espíritu están integrados
Si A es verdadero, su opuesto B debe ser falso	Si A es verdadero, su opuesto B también puede ser verdadero
Se da prioridad a la racionalidad abstracta	Se da prioridad al sentido común
Es necesaria la coherencia	El desacuerdo no hace daño
Pensamiento analítico, crítico	Pensamiento sintético, integrativo

6. *Indulgencia frente a control, en relación con el nivel de satisfacción del deseo de disfrutar de la vida.* Esta dimensión alude a los sentimientos y rasgos característicos que se producen como resultado de vivir en culturas indulgentes (léase laxas, permisivas), o en aquellas más restrictivas en que la vida es llevada con mayor control o sujeción. Se parte de lo que puede hacer más feliz a las personas, es decir, el sentimiento subjetivo de estar bien.

Tras considerar los diversos asuntos involucrados en lo que puede considerarse ser feliz –sea por satisfactores materiales o relativos a la libertad sobre la propia vida—, teniendo presente la relatividad de significados en torno al tema, esta dimensión es definida como sigue:

> Indulgencia se refiere a la tendencia a permitir la gratificación relativamente libre de los deseos humanos básicos y naturales relacionados con disfrutar de la vida y divertirse. Su polo opuesto, la moderación, refleja la

> convicción de que esa gratificación debe ser frenada y regulada por estrictas normas sociales.[185]

Esta dimensión resuelve la paradoja de que habitantes de países pobres pueden vivir más felices que habitantes de países económicamente más desarrollados. En las mediciones se muestra una ligera tendencia de las sociedades más jerárquicas a ser menos indulgentes; pero, de facto, esta dimensión no se correlaciona con las demás dimensiones vistas, incluida la orientación a largo plazo.

En estudios relacionados con la medición de sentimientos positivos y negativos (afectos positivos y afectos negativos) en las sociedades, y aquellos descritos en otra indagación como sentimientos placenteros o de displacer, se encontró, asimismo, que la existencia de sentimientos positivos y de sentimientos placenteros se presenta más en las sociedades indulgentes; al tiempo que, en las sociedades restrictivas, son característicos la moderación y el mantenimiento de uno mismo con pocos deseos.

Al correlacionar esta dimensión con los 5 grandes rasgos de la personalidad –vistos en la primera sección— se encontró que las sociedades indulgentes correlacionan positivamente con la *extraversión* y negativamente con el *neuroticismo* o inestabilidad emocional. La extraversión está vinculada a sentimientos positivos, en tanto que el neuroticismo a tendencias hacia sentimientos negativos. Esto significa que en las sociedades indulgentes abundan más los individuos extrovertidos y son menos las personas que manifiestan neuroticismo.

Las sociedades indulgentes manifiestan tener más personas que definen sentirse muy bien, saludables y optimistas acerca del futuro; es decir, en las sociedades indul-

---

185 Ibid., p. 281

gentes las personas son más optimistas y en las restrictivas sucede lo contrario. "La felicidad, el sentimiento subjetivo de salud y el optimismo acerca del futuro juegan un papel en el número de niños nacidos en una sociedad"[186]

> la [dimensión) indulgencia frente a la moderación es el principal predictor significativo de la natalidad, más que el nivel educativo o la riqueza nacional. Las poblaciones que no se sienten muy felices y saludables no están muy entusiasmadas de tener hijos, especialmente cuando tienen el nivel educativo típico de un país económicamente desarrollado.[187]

En esta dimensión se ha encontrado que los países donde predomina la indulgencia, las personas presentan menos enfermedades cardiovasculares y muertes a causa de éstas, mientras que en las sociedades restrictivas sucede a la inversa; las culturas más restrictivas tienen algunos problemas tangibles de salud que no son producto de la imaginación. La frecuencia de enfermedades cardiovasculares es un fenómeno con múltiples causas a nivel individual, sin embargo, parece que la infelicidad es uno de ellos.[188]

Además, desde esta dimensión se puede apreciar que la importancia de tener amistades resulta crucial para la salud, pues ellas proveen diversión y entretenimiento. A continuación, una tabla que exhibe las diferencias entre sociedades indulgentes frente a sociedades restrictivas: I. Normas generales, sentimientos personales y salud, II. Vida privada, comportamiento consumidor, sexualidad y políticas

---

186 Ibid., p. 289.

187 Ibid., p. 290.

188 Cf. Idem.

I. Normas generales, sentimientos personales y salud

SOCIEDADES INDULGENTES	SOCIEDADES RESTRICTIVAS
Alto porcentaje de personas muy felices	Menor porcentaje de personas muy felices
Percepción de autocontrol de la vida personal	Percepción de impotencia: lo que me ocurre no es obra mía
Mayor importancia al ocio	Menor importancia del ocio
Mayor importancia de tener amigos	Menor importancia de tener amigos
El ahorro no es muy importante	El ahorro es importante
Sociedad relajada	Sociedad tensa, estrecha
Mayor probabilidad de recordar emociones positivas	Es menos probable que recuerde emociones positivas
Menos disciplina moral	Disciplina moral
Actitud positiva	Cinismo
Personalidades más extravertidas	Personalidades más neuróticas
Mayor porcentaje de personas que se sienten sanas	Menor porcentaje de personas que se sienten sanas
Mayor optimismo	Más pesimismo
En los países con población bien educada, mayores tasas de natalidad	En los países con población bien educada, tasas de natalidad más bajas
Menores tasas de mortalidad por enfermedades cardiovasculares	Mayores tasas de mortalidad por enfermedades cardiovasculares

II. Vida privada, comportamiento consumidor, sexualidad y políticas

SOCIEDADES INDULGENTES	SOCIEDADES RESTRICTIVAS
Mayor aprobación de música y películas	Menor aprobación de la música y películas extranjeras
Vida familiar más satisfactoria	Menos satisfacción con la vida familiar
Las tareas domésticas deben repartirse entre la pareja	El reparto desigual de tareas domésticas no es asunto importante

La gente participa activamente en los deportes	Rara vez se practica deporte
El correo electrónico e internet se utilizan para contactos privados	Menos uso del correo electrónico e internet para contactos personales
Más contactos por correo electrónico y por internet con extranjeros	Menos contacto por correo electrónico e internet con extranjeros
Menos consumo de pescado	Mayor consumo de pescado
Más consumo de refrescos y cerveza	Menos consumo de refrescos y cerveza
En los países ricos, mayor porcentaje de gente obesa	En los países ricos, menor porcentaje de gente obesa
Roles de género menos estrictos	Roles de género estrictamente prescritos
En los países ricos, normas sexuales menos estrictas	En los países ricos, normas sexuales estrictas
Sonreír como norma	Sonreír es sospechoso
La libertad de expresión se considera relativamente importante	La libertad de expresión no es un asunto prioritario
Mantener el orden en la nación no es visto como de alta prioridad	Mantener el orden en la nación se considera prioritario
Menor número de policías por cada 100,000 habitantes	Mayor número de policías por cada 100,000 habitantes

Como en el caso de la mayoría de las demás dimensiones culturales, es difícil explicar con certeza qué procesos históricos han creado las diferencias en la indulgencia que observamos hoy en día. Una posible explicación se ofreció en el sentido de que las sociedades indulgentes no tienen una historia milenaria de agricultura, en tanto que Eurasia tiene milenios de agricultura intensiva. Tradicionalmente, la agricultura intensiva nunca se practicó en el África subsahariana. Algunas formas de este tipo de agricultura existieron en algunos lugares de América, pero al igual que en África, allí no se disponía de animales de tiro, lo que supuso un grave impedimento para su desarrollo. En cuanto a los países escandinavos y anglófonos, hace tiempo que se superó el legado cultural de la agricultura intensiva tradicional. La agricultura altamente intensiva, de tipo euroasiático, trajo innumerables calamidades a quienes la practicaban: trabajo extenuante, alternancia de periodos de abundancia de alimentos y hambre, estados opresivos y explotación, epidemias devastadoras, y guerras interminables por el territorio. No es de extrañar, entonces, que las sociedades euroasiáticas de agricultores intensivos hayan generado filosofías como el budismo, según el cual toda vida es sufrimiento y la búsqueda de la felicidad es una pérdida de tiempo, o las tres grandes religiones de Oriente Medio: el judaísmo, el cristianismo y el islamismo, que enseñan que la verdadera felicidad sólo puede alcanzarse en el más allá.

Las sociedades de cazadores-recolectores y horticultores no sufrieron en la misma medida los males de la agricultura intensiva, lo que, en parte, explicaría su fuerte sentido de libertad y felicidad. Algunas investigaciones revelan que los Inuit y los Masai son tan felices como los estadounidenses, quienes son más ricos. Además, la agricultura intensiva exige una disciplina contenida, planificación y ahorro para el futuro, indiferencia por el ocio y una gestión social estricta; condiciones que no son necesarias ni posibles, en el mismo grado, en una sociedad de cazadores-recolectores u horticultores. Así, las sociedades modernas muy avanzadas, con economías basadas en los servicios, parecen estar regresando a la indulgencia de culturas del pasado lejano, antes de la llegada de la agricultura intensiva. [189]

Ahora bien, aun cuando los investigadores advierten que hace falta más indagación acerca de lo que puede o no hacer más feliz a una sociedad, en este estudio se tomó

---

[189] Cf. Ibid., pp. 296-298.

como base de la dimensión que aquí nos ocupa (*Indulgencia frente a control*), otra investigación acerca de *valores* en las culturas que, particularmente, exploró tres valores medidos con ítems para graduar la preferencia, en cada caso, en un comparativo de poco más de 90 países:[190]

> 1. *La felicidad*: "Tomando todas las cosas en conjunto, ¿diría usted que es muy feliz, bastante feliz, no muy feliz o nada feliz". Se midió el porcentaje que eligió "muy feliz".
>
> 2. *Control de la vida*: "Algunas personas sienten que tienen total libertad de elección sobre sus vidas, mientras que otras sienten que lo que hacen no tiene ningún control sobre lo que les ocurre. Utilice esta escala en la que 1 significa "nada" y 10 significa "mucho" para indicar el grado de libertad de elección y control que cree que tiene sobre su vida".
>
> 3. *Importancia del ocio*: "Para cada uno de los siguientes aspectos, indique lo importancia tiene en su vida: muy importante, bastante importante, poco importante o nada importante: familia, amigos, tiempo libre, política, trabajo, religión, servicio a los demás". Se midió el porcentaje que eligió "muy importante" para el tiempo libre.

Los resultados revelaron que las sociedades más indulgentes arrojaron mayores puntajes en torno a estos tres valores, más allá de sus niveles socioeconómicos y las otras dimensiones antes expuestas, con las cuales la correlación es negativa. De lo cual se concluyó que los correlatos y predictores de la felicidad a escala nacional son, en primer lugar, la percepción del control de la vida, la sensación de que uno tiene la libertad de vivir su vida más o menos como le plazca, sin restricciones sociales que coarten su libertad

190 Minkov, M. (2009). "Predictors of differences in subjective well-being across 97
nations." *Cross-Cultural Research*.

de elección; y, en segundo lugar, la importancia del ocio como valor personal. *La felicidad, el control de la vida y la importancia del ocio están mutuamente correlacionados*, y estas asociaciones se mantuvieron estables en las encuestas.[191]

Algunos de los países que puntearon alto son Venezuela, México, Puerto Rico, El Salvador, Colombia, Nigeria y Trinidad, entre los **primeros siete lugares**; Suecia, Nueva Zelanda, Ghana, Australia y Chipre entre **el octavo y treceavo lugar**, respectivamente; Dinamarca, Gran Bretaña, Canadá, Países Bajos, Estados Unidos, Islandia, y Suiza, entre **el treceavo y vigésimo puesto**; Sudáfrica, Austria, Argentina, Brasil, Finlandia, Malasia, Bélgica, Luxemburgo, Noruega, República Dominicana, Uruguay, Uganda, Arabia Saudí, Grecia, Taiwán, Turquía, Francia, Eslovenia, Perú, Etiopía, Singapur, Tailandia, Bosnia, España, Jordán, Mali, Zambia, Filipinas, Japón, Alemania, Irán, respectivamente, entre el **catorceavo y el lugar quincuagésimo cuarto**; Tanzania, Indonesia, Ruanda, Vietnam, Portugal, Croacia, Georgia, Hungría, Italia, Corea del Sur, República Checa, Polonia, Eslovaquia, Serbia, Zimbabue, India, China, Azerbaiyán, Rusia, Montenegro, Rumania, Bangladesh, entre **el quincuagésimo quinto y el octogésimo lugar**, respectivamente y omitiendo algunos países más; Hong Kong, Irak, Estonia, Bulgaria, Lituania, Albania, Ucrania, entre **el octogésimo cuarto y el nonagésimo lugar**, también omitiendo algunos países; los dos últimos sitios los ocupan Egipto y Pakistán en el **nonagésimo tercero y cuarto**.

191 Cf. Cf. Hofstede, Geert, Hofstede, Geert Jan, y Minkov, Michael (2010) *Cultures and Organizations: Software...*, op. cit., pp. 280-281.

X. CARÁCTER Y CULTURA DIMENSIONAL

De lo anterior es posible observar que el carácter social es el despliegue de energía psíquica prevaleciente en la mayoría de los individuos al interactuar entre sí y con su medio ambiente, dentro de su desempeño vital creador de la cultura específica que los distingue. Tal despliegue energético –cuyas motivaciones trascienden la racionalidad y la consciencia— puede girar en torno a las relaciones de poder, la independencia o subordinación al grupo, el trato rudo o amable, la evasión o no ante la incertidumbre, basarse en la tradición y el ahora o en la previsión ante el futuro, y también en optar por una vida relajada o fuertemente constreñida por reglas.

Tales áreas de desempeño vital humano son útiles para distinguir el carácter de una sociedad y su cultura *dimensionalmente*, es decir, podemos apreciar el carácter social dentro de una dimensión en particular o de acuerdo con aquellas que se correlacionan positivamente, pero no así cuando la correlación es inexistente. De manera que al considerar un tipo de caracterización es necesario tener en cuenta que resulta válida únicamente respecto a la dimensión o las dimensiones correlacionadas en forma positiva, y respecto a la tendencia caracterial en la mayoría de las personas, pues siempre existirán individuos y grupos que no se ajusten a la generalidad.

PRIMERA CARACTERIZACIÓN: *Cercanía vs. Distancia del Poder/ Individualismo vs. Colectivismo (Léase, Independencia vs. Dependencia).* Algunas culturas son ubicadas como aquellas en que los individuos y grupos se relacionan horizontalmente con las figuras de autoridad, lo cual deriva en una mayor facilidad para el consenso; mientras que, en otras, verticalizadas jerárquicamente, los individuos y grupos son sumisos y a su vez conflictivos hacia la autoridad. Tal dimensionalidad facilita comprender por qué en algunos países es menos arduo establecer acuerdos, en tanto que en otros con paradójica docilidad de los individuos y grupos resulta más difícil llegar a la conciliación de intereses.

Observación. Por supuesto, como se vio más arriba, recuérdese que en la dimensión de cercanía/distancia del poder, la desigualdad social y económica está ligada a la forja y manifestación de conflictividad, pues prevalece la distancia (léase, desigualdad) con relación a quienes detentan el poder o poseen mayores prerrogativas. Además –siguiendo este hilo— los tipos de sociedad con cercanía al poder también se caracterizan en mayor o menor grado por ser individualistas, lo cual implica que las personas son más independientes y libres en sus decisiones; en tanto aquellas en que prevalece la distancia del poder se distinguen por colectivistas, lo que se traduce en personas mayormente dependientes de la aprobación grupal al llevar sus vidas.

SEGUNDA CARACTERIZACIÓN. *Masculinidad vs. Feminidad.* Un carácter social *masculino* está muy presente en la mayoría de las sociedades con distancia del poder, aunque también lo encontramos en culturas con cercanía al poder, pero en las cuales aún prevalece en mayor o menor grado la primacía masculina en los roles de género; así pues, el machismo es parte del carácter social en estas dos clases de sociedades, más allá de que en unas exista desigualdad socioeconómica y en otras un mayor desarrollo y equilibrio en este sentido. Por su parte, existe un carácter social *femenino* en sociedades que pueden o no estar desarrolladas económicamente, pero en las cuales también se valora en alto grado, además de la independencia y libertad de las personas, su inclinación al trato cuidadoso, tierno y más centrado en la calidad de la vida tanto familiar como social en general.

Observación. Podemos así distinguir sociedades en que el carácter social está definido en mayor o menor grado,[192] en su caso, por el individualismo o el colectivismo preponderantes, la cercanía o el distanciamiento hacia quienes detentan poder, así como por los roles de género que revelan el tipo de trato

---

192 recuérdese que el análisis dimensional admite un continuum en las posibilidades.

social que culturalmente prevalece, sea éste mayormente inclinado a la hosquedad o hacia el trato cuidadoso en la diversidad de interacciones sociales dadas en un país.

TERCERA CARACTERIZACIÓN. *Sociedades con fuerte evitación de la incertidumbre vs. Sociedades con débil evitación de la Incertidumbre.* En esta dimensión, en un extremo se ubica un carácter social que trata de evitar lo más posible la incertidumbre y por tanto la ansiedad que ésta produce, de manera que se hace presente una acentuada tendencia a estructurar normativa e institucionalmente la vida, con el propósito de evitar al máximo las situaciones inciertas o escasamente definidas ante lo que pudiera acontecer. Existe así un alto estrés tanto en la vida familiar como social en general, y puede desencadenar intolerancia hacia lo extraño y lo poco estructurado –incluso con actitudes xenófobas o supremacistas—; por consiguiente, existe mucho neuroticismo (léase, inestabilidad emocional) en las personas y grupos que se refleja en la vida familiar y laboral.

Observación. Pero no todas las sociedades adolecen de tal característica, pues existe un continuum entre ambos polos de comparación dimensional en donde el otro extremo implica formas sociales más relajadas de evitar la incertidumbre, en las cuales –de hecho— se asume que la vida está llena de imponderables, por lo que la ansiedad está muy disminuida en el carácter social de este tipo de culturas, dentro de las que personas y grupos se destacan por ser más afables, de trato tranquilo y con menor preocupación hacia la vida regida por normas estrictas.

CUARTA CARACTERIZACIÓN. *Orientación a largo plazo vs. orientación a corto plazo, en relación con el enfoque elegido por los miembros de la sociedad para dirigir sus esfuerzos.* En esta dimensión los objetivos y el actuar de las personas se lleva de manera más orientada hacia la tradición y el presente en el primer extremo, y de modo previsorio hacia el futuro en el segundo. Las sociedades inclinadas por la primera posibilidad, predominantemente de carácter individualista, exhiben un carácter en que se da importancia en el trabajo a la libertad, los logros, el pensar por uno mismo, al mérito y las capacidades propias; de modo que el ocio es un asunto importante, al igual que poseer la verdad, por lo que existe un pensamiento crítico y las guías universales acerca de lo bueno o malo son referencia. En el extremo opuesto, con sociedades mayormente colectivistas, la preocupación se centra más en la virtud, por lo que en el trabajo el énfasis es puesto en la honestidad, la adaptabilidad, el aprendizaje, la disciplina y la previsión, y el ahorro es un parámetro de vida; así que el tiempo para el ocio no es importante y se piensa que lo bueno y lo malo se liga a las circunstancias.

Observación. En las sociedades individualistas, cuyo núcleo es la independencia de acción y pensamiento, la vida se estructura normativa e institucionalmente como resultado de la búsqueda de coordinación de las individualidades que, inherente a esto, son propensas al pensamiento crítico, lo cual conlleva mucha incertidumbre y, por consiguiente, el afán por descubrir la verdad y también de guiarse normativamente con base en parámetros universales sobre bondad y maldad; se consigue así un bagaje con el que se intenta contrarrestar la incertidumbre que surge del tener una existencia centrada en la independencia y libertad de acción. Por su parte, la confianza emanada de pertenecer y ser dependiente de las decisiones tomadas en grupo, por supuesto que disminuye la preocupación y el temor por la incertidumbre y subsecuente ansiedad (ambas asociadas a la individualización de pensamiento y acción); de esta manera, en la vida colectivista las directrices de la previsión, honestidad, adaptabilidad, aprendizaje, disciplina y el desdén por el ocio, nítidamente revelan la superioridad del grupo sobre la persona: tal es el carácter social producido por un sentido de la vida donde el disciplinarse resulta fundamental para el desempeño colectivo hegemónico. Tenemos así un continuum de caracteres sociales en el que, en sus extremos, la virtud y la disciplina del colectivismo contrasta con la duda, la libertad de pensamiento y acción propios del individualismo.

QUINTA CARACTERIZACIÓN. *Indulgencia frente a control, en relación con el nivel de satisfacción del deseo de disfrutar de la vida.* Esta dimensión no está correlacionada con ninguna de las anteriores, por lo que la caracterización social en este último aspecto tiene una dimensión y peso propios; por consiguiente, las sociedades y sus culturas son indulgentes o controladas en la capacidad de disfrutar la vida, al margen de lo que las caracteriza en otras dimensiones. Esto implica que países pobres llegan a tener una vida más relajada y feliz, pese a las privaciones de tipo material, que algunos países con mucho más satisfactores de esta clase. De modo que la aptitud de disfrute existencial puede darse al margen del nivel de desarrollo económico y, por ende, de las prestaciones ligadas a ello. La indulgencia social involucra flexibilidad y libertad de pensamiento y acción; circunstancia asociada a la alta valoración y sentimiento de las personas acerca de tener el control sobre sus vidas; esto hace que expresen sentirse muy felices tanto por su libertad de elección como por disponer en qué ocupan su tiempo libre. Ello permite una vida más relajada y optimista en la cual se disfruta de las interacciones de pareja y familia, en que las responsabilidades son igualmente compartidas; existen, además, menos restricciones morales y de la sexualidad, por lo que los roles de género son menos estrictos. En el otro extremo dimensional, están las culturas con normas restrictivas que coartan las libertades y en las cuales persiste un sentimiento pesimista de la existencia, pues hay mayor tensión y percepción de impotencia y las personas se enferman más pues son menos felices; la previsión recibe gran importancia y la probabilidad de recordar experiencias positivas está disminuida; existe así una mayor agregación de personalidades neuróticas, es decir, inestables emocionalmente, con más padecimientos cardiovasculares y menos satisfacción en su vida familiar, donde el reparto de las tareas no es importante; tampoco se le da mucho valor al ocio a diferencia de las sociedades indulgentes, y la comunicación de internet para contactos personales y con el extranjero también es reducida. En países con mayor control, los índices de natalidad son bajos aun cuando exista desarrollo social; en tanto que dichos índices son más elevados en los países con una vida indulgente, sean de alto o de bajo desarrollo económico.

Observación. Resulta significativo que la indulgencia cultural aumente el sentimiento de felicidad y satisfacción por vivir (caso contrario de lo que produce una existencia controlada), además de que países pobres puedan ser más felices que otros donde la carencia material en las personas es inmensamente menor o inexistente. Sin embargo, con estudios dimensionales como los aquí expuestos, no se consigue despejar del todo cuestiones contradictorias en las que, en países evaluados como los "más felices" en el mundo, existe una profunda depresión y el suicidio en las personas. Tal es el caso de Suecia, que comienza a ser paradigmático por tener dichas características y, no obstante, es reportado en el décimo lugar en el Informe Mundial de la Felicidad rendido por la ONU, el cual utiliza el Producto Interno Bruto (PIB), la esperanza de vida saludable y el apoyo social como sus indicadores, dejando a un lado lo que las personas valoran y cómo se relacionan entre sí (Asimismo, en la medición del estudio de Hofstede aquí revisado, Suecia es ubicado entre los primeros trece más felices). Al parecer, esto es un subproducto del individualismo no considerado en ninguno de los dos análisis (de la ONU y el de Hofstede), pues, aún con la presencia de las libertades de elección y demás bondades expuestas, en ninguno se toma en cuenta *la alarmante soledad en que las personas han caído*:

> La sociedad [sueca...] está integrada por individuos solitarios, donde la mujer joven, que trabaja, prefiere comprar por internet semen procedente de un banco de Dinamarca e inseminarse sola en su casa que mantener relaciones sexuales personales, los viejos mueren también solos y **nadie nota su falta al morir, ni siquiera sus propios vecinos de puerta**, porque la gente vive en sus casas sin hacer vida social, más allá de las actividades 'organizadas' a las que cada uno se 'apunta' según

> su interés individual [...] Japón es otro de los ejemplos de la llamada 'Paradoja de la Felicidad'.[193]

Así pues, el fomento de la sociabilidad a través de la participación que lleve al sentimiento de pertenencia a un grupo[194] resulta imprescindible para evitar el individualismo a ultranza, esto es, la independencia extrema que arroja a las personas con libertades a una realidad donde paulatinamente se ha disminuido la importancia de la convivencia. Por consiguiente, en política pública, se torna necesario valorar y rescatar una cualidad del colectivismo: el sentido de pertenencia y colaboración en el grupo, en que –muy importante— se respeten las individualidades dentro de una relación horizontal, y en cuyo núcleo quede integrado el reconocimiento, cuidado y consideración de cada persona.

---

193 Suárez, Luis (2017), "Las paradojas de la felicidad", ethic, disponible en: *https://ethic.es/2017/04/informe-mundial-felicidad-paradojas/*

194 Cf. Ídem.

Capítulo IV
Sociedad violenta o sociedad centrada en el cuidado

I. DEL TRATO VIOLENTO, LA COERCIÓN Y LA MODIFICACIÓN SOCIAL DEL COMPORTAMIENTO; II. LA ADQUISICIÓN DEL SENTIDO MORAL E IDENTITARIO; III. DE UNA MORAL CENTRADA EN LA JUSTICIA A UNA MORAL CUYA ESENCIA ES EL CUIDADO; IV. LA MORAL COMO RESPUESTA ADAPTATIVA DEL SER HUMANO ANTE SU ENTORNO; V. RAZÓN Y SENTIMIENTOS HUMANOS: ¿CABE HABLAR DE DIFERENCIAS ASOCIADAS AL SEXO?; VI. LA PERSPECTIVA DEL MUNDO LIGADA AL SEXO: DIFERENCIAS ENTRE EL CEREBRO DE LAS MUJERES Y EL CEREBRO DE LOS HOMBRES

Después de la variedad de posibilidades expuestas acerca de lo que llega a caracterizar a las sociedades y sus culturas —como formas de valorar y comportarse en la vida compartidas por la mayoría de sus integrantes— surge preguntar qué tanto inciden la agresión y la violencia en el carácter social. Y para comenzar a responder conviene recordar, como vimos ampliamente en capítulos previos, que la agresión es parte de nuestro equipamiento biológico evolutivamente útil para preservar la vida de los individuos y de los grupos en que se integran; en tanto que la violencia es un derivado de la agresión, pero que ha trastocado su sentido natural defensivo en afanes de sometimiento por los que se inflige daño ya no por defender la integridad, sino con el fin de satisfacer una imperiosa necesidad de prevalecer y ejercer poder sobre las voluntades sojuzgadas.

De modo que, para dar una respuesta admisible a la interrogante acabada de plantear, en este capítulo examinaremos algunos factores ceñidos a las relaciones violentas entre los individuos y grupos que viven en sociedad y la manera en que, progresivamente, han sido modificados para conseguir una interacción más orientada a una convivencia más tolerante, pacífica, considerada y con mucha mayor reciprocidad. Esto, también para demostrar la posibilidad que las culturas tienen de superar la violencia social por medio de un desarrollo moral que les permita coexistir más allá de la preponderancia de unas sobre otras.

I. DEL TRATO VIOLENTO, LA COERCIÓN Y LA MODIFICACIÓN SOCIAL DEL COMPORTAMIENTO

Hemos visto que la violencia está presente en el trato entre los individuos y grupos humanos como resultado de su capacidad de consciencia, y de necesidades de supremacía sobre aquéllos a quienes se somete por esta vía. De manera que en el devenir de la existencia humana la violencia ha tenido presencia, en todas sus vertientes, dentro de cualquier grupo social a lo largo del prolongado proceso evolutivo de nuestra especie.

Entre más incipiente o burda es una cultura sus costumbres de trato social resultan más rudimentarias. Rudeza cercana a la brutalidad, en la cual las actitudes defensivas y de integración sirven a los fines de estricta supervivencia del individuo y el grupo al que pertenece, al tiempo que los comportamientos violentos existen con motivaciones que implican emociones, sentimientos y pasiones ligados no necesariamente a la llana conservación. En otros términos, tal proceso relacional revela una moral producto de la consciencia humana y por medio de la que se ha sustituido a la mera instintividad.

En efecto, los hábitos considerados como acciones repetitivas individuales, al ser compartidos en grupo, se tornan en costumbres y éstas conforman a la moral, que es una respuesta vital adaptativa emanada de la progresiva toma de consciencia del ser humano en sustitución de las acciones instintivamente programadas. A mayor aptitud de consciencia, menor actividad puramente instintiva.[195]

Lo anterior supone, entonces, que la moral es producto de la cognición pese a su aparente arraigo irreflexivo entre los grupos humanos; esta es la postura fuerte sostenida por los defensores del origen cognitivo de la moral.[196] Y la moral pasa a ser tradicional en la medida que no necesita ser pensada por cada uno de sus usuarios; es irreflexiva y aceptada en automático por el individuo que nace, crece o se inserta dentro del grupo que la practica; es tradición que no se cuestiona sino se asimila y ejerce por medio de las normas morales de trato social existentes.

Pero la moral y las normas morales no son lo mismo,[197] es la primera quien produce a las segundas que pueden –incluso— persistir, aunque la moral llegue a sufrir modificaciones; sin embargo, finalmente, también dichas normas cambian cuando la moral que las originó se modifica y, recursivamente, las normas llegan también a influir en el cambio moral. Un dato importante es que las normas morales, en general, también son conocidas como normas sociales y éstas son creación exclusiva de la capacidad de organización de los grupos humanos: "las normas sociales son algo establecido y que se impone bajo la amenaza de sanciones: sólo rigen a través de la consciencia y del reconocimiento de los sujetos que guían su acción por ellas."[198]

Así pues, las normas coordinan las acciones de los grupos e individuos que viven en sociedad. Son producto de la moral

---

[195] Al respecto vid. Darwin, Charles, *El origen de las especies*...op. cit., particularmente el capítulo dedicado a los hábitos.

[196] Vid Habermas Jürgen (1999), *La inclusión del otro. Estudios de teoría política,* pp. 29-78, Barcelona, Paidós.

[197] Vid. Correas, Óscar (2004), *Introducción a la sociología jurídica,* México, Fontamara.

[198] Habermas, Jürgen (1988), *La lógica de las ciencias sociales,* Madrid, Tecnos, pp. 32-33.

tradicional, pero también de la acción deliberada y convenida socialmente. En razón de esto, las normas sociales están cargadas valorativamente por la moral que les sirve de base en un contexto social determinado; de manera que la moral es la fuente por excelencia de las normas sociales en general; es decir, los sistemas normativos jurídicos o de cualquier otra clase, se modifican en función de los cambios acontecidos en la moral dominante dentro de una sociedad, por lo que una moral mayormente desarrollada tiene, consecuentemente, sus correspondientes normas sociales más refinadas.

Sobre esta base resulta accesible entender que entre más atrás vayamos en la revisión de la pre e historia humanas, nos encontraremos con una interacción social sustentada en una moral elemental en la cual las costumbres están cargadas de agresión y violencia. Es en tal aspecto que importantes estudios sobre el proceso civilizatorio de la humanidad han demostrado cómo las instituciones sociales tienen un papel decisivo en los cambios morales de una sociedad; en este sentido, las normas mayormente civilizadas –cuando llegan a instituirse, vía la educación, la religiosidad, el derecho, etc.— refinan los comportamientos públicos y privados, al punto de transformarlos en costumbres que respetan más la presencia de los otros y tienden a promover más, por ejemplo, la limpieza y el trato cuidadoso en las relaciones sociales. Veamos algunos ejemplos:

> En 1530, el gran erudito Desiderio Erasmo de Rotterdam, uno de los fundadores de la modernidad, escribió un manual de etiqueta titulado *De la urbanidad en las maneras de los niños* que durante dos siglos fue un *bestseller* en Europa. Al establecer reglas sobre lo que la gente no debe hacer, estos manuales nos procuran una instantánea de lo que debían estar haciendo. Las personas de la Edad Media eran, en una palabra, ordinarias [por no decir groseras]. Varios de los consejos en los libros sobre etiqueta versan sobre la eliminación de efluvios corporales:
>
>> "No ensucies las escaleras, los pasillos, los retretes o los tapices de las paredes con orina u otras porquerías."
>> "No orines delante de las damas ni delante de las puer-

> tas o ventanas de las cámaras de la corte." "No te balancees de adelante atrás en la silla como si quisieras eliminar los gases." "No te toques las partes pudendas bajo la ropa con las manos desnudas." "No saludes a nadie mientras esté orinando o defecando." "No hagas ruido cuando elimines los gases." "No te desabroches la ropa delante de otras personas cuando te prepares para defecar, o abróchatela después." "Cuando duermas con alguien en una posada, no te coloques demasiado cerca hasta el punto de tocarle ni pongas las piernas entre las suyas." "Si te encuentras con algo asqueroso en la cama, no te dirijas a tu compañero para indicárselo, ni sostengas la cosa maloliente para que el otro la huela diciendo «Me gustaría saber a qué huele esto»."

Otros hablan de sonarse la nariz:

> "No te suenes la nariz con el mantel, ni en los dedos, la manga o el sombrero." "No ofrezcas el pañuelo usado a nadie." "No lleves el pañuelo en la boca." "Tras limpiarte la nariz, tampoco es apropiado extender el pañuelo y mirarlo detenidamente como si de la cabeza te hubieran caído perlas y rubíes."

Luego hay cinco puntos dedicados a escupir:

> "No escupas en la palangana cuando te laves las manos." "No escupas tan lejos que tengas que buscar la saliva para pisarla." "Cuando escupas, vuélvete, no sea que tu saliva le caiga a alguien." "Si cae al suelo algo purulento, es preciso pisarlo, no vaya a ser que provoque náuseas a alguien." "Si adviertes saliva en la capa de alguien, no es de buena educación hacérselo notar"

Cuando la nueva etiqueta se afianzó, también se aplicó a los utensilios que generaban violencia, en especial los cuchillos. En la Edad Media, la mayoría de las personas llevaban consigo un cuchillo que usaban en la mesa para cortar un trozo de carne de la pieza entera asada, pincharlo y llevárselo a la boca. Sin embargo, la amenaza de un arma mortal al alcance de alguien en una reunión y la horrorosa imagen de un cuchillo apuntando a una cara se volvieron cada vez más repulsivos. Elías cita varios aspectos de la etiqueta centrados en el uso de los cuchillos:

> "No te hurgues los dientes con el cuchillo." "Mientras estés comiendo, no sostengas el cuchillo todo el rato, sino sólo cuando vayas a usarlo." "No utilices la punta del cuchillo para introducirte comida en la boca." "No lo uses para cortar pan; rompe el pan con las manos." "Si se lo pasas a alguien, cógelo por la punta y ofrécele el mango." "No lo agarres con toda la mano como si fuera un palo, sino sólo con los dedos." "No lo utilices para apuntar a nadie."

Fue durante esta transición cuando el tenedor llegó a ser de uso común como utensilio de mesa, de modo que la gente ya no tenía que llevarse el cuchillo a la boca. Para que los comensales no tuvieran que desenvainar su cuchillo se ponían en la mesa cuchillos especiales cuyo extremo era más redondeado. Con el cuchillo no se cortaban jamás ciertos alimentos, como el pescado, los pedazos redondos o el pan; de ahí la expresión de "partir el pan".[199]

En cuanto a la violencia, antes de que fuera instituido el monopolio de ésta con el surgimiento del Estado, resulta muy ilustrativo lo siguiente:

> [...] La vida de los guerreros —y también la vida de los demás, que habitan en una sociedad dominada por una clase de guerreros— está amenazada de modo constante e inmediato por actos de violencia y, en consecuencia, se mueve entre dos extremos por comparación con la vida en los ámbitos pacificados. Esta vida ofrece a los guerreros un margen extraordinariamente amplio —en comparación con cualquier otra sociedad— en la manifestación de sus sentimientos y pasiones, la posibilidad de diversiones salvajes, de satisfacer sus apetitos carnales o de dar rienda suelta a su odio en la destrucción y el martirio de todo lo enemigo o que pertenece al enemigo. Pero, por otro lado, también amenaza al guerrero vencido con una entrega absoluta al poder y a las pasiones de otro, con una es-

---

199 Pinker, Steven (2011), *Los ángeles que llevamos dentro. El declive de la violencia y sus implicaciones*, Barcelona, Paidós, pp.92-93.

> clavización completa, con formas extremas de torturas físicas, los encarcelamientos y la humillación radical de las personas que hayan pasado a ser *monopolio de un poder central*. Gracias a este monopolio, la amenaza física del individuo va haciéndose cada vez más impersonal y no depende de modo tan directo de los afectos y los impulsos momentáneos, sino que va sometiéndose progresivamente a normas y leyes exactas y, finalmente, acaba suavizándose dentro de ciertos límites y con ciertas variaciones, incluso en el caso del quebrantamiento de la ley [...] *Como puede verse, la falta de represión de los instintos y la mayor intensidad de la amenaza física con que nos encontramos allí donde aún no se han establecido monopolios centrales sólidos y fuertes, son manifestaciones complementarias*. En esta estructura social es mayor la posibilidad de dar rienda suelta a los instintos y a los impulsos en el caso de los vencedores y de los hombres libres, pero también es mayor el peligro a que cada cual está sometido a causa de los impulsos ajenos y también está más generalizada la posibilidad de la esclavitud y de la humillación sin límites en el caso de que una persona caiga en poder de otra.[200]

Sabemos que el surgimiento del Estado como instrumento político de organización social marca un hito en la vida humana debido al control y a la seguridad que de ello surge. En tal sentido, en términos Weberianos, el monopolio en el uso de la coacción física[201] mejora los ámbitos público y privado gracias a la centralización de la facultad de castigar por esta vía el desacato al orden establecido. Por supuesto, llegar a tal punto llevó milenios de experiencia de vida social organizada en todos los confines y tiempos del mundo en las distintas latitudes del planeta; ensayos de un ejercicio violento del poder –no obstante—progresivamente orientado hacia sistemas mayormente pacificados merced al monopolio estatal de la violencia, sea que se tratara de estados

---

200 Elías, Norbert (1987), *El proceso de la civilización. Investigaciones sociogénicas y psicogenéticas*, México, Fondo de Cultura Económica, p. 455 (cursivas mías).

201 Cf. Weber, Max, *Economía y sociedad*...op. cit.

teocráticos, monárquicos, imperiales, absolutistas o democratizados, pero todos con la calidad de ser poder político instituido.

Ahora bien, tal logro de organización del poder político implica que quienes asumen el control estatal hacen valer su perspectiva existencial moralizante. Pero ¿es la imposición coactiva el agente principal de cambio? Asentir afirmativamente conlleva el riesgo reduccionista, sin embargo, la respuesta apunta en ese sentido.

Existen estudios acerca del proceso civilizatorio –como el de Norbert Elías— que muestran la constante y progresiva transformación de psiquismo en una cultura conseguido coactivamente.

> [...] los planes y las acciones, los movimientos emocionales o racionales de los hombres aislados se entrecruzan de modo continuo en relaciones de amistad o enemistad. Esta interrelación fundamental de los planes y acciones de los hombres aislados puede ocasionar cambios y configuraciones que nadie ha planeado o creado. De esta *interdependencia de los seres humanos se deriva un orden de un tipo muy concreto, un orden que es más fuerte y más coactivo que la voluntad y la razón de los individuos aislados que lo constituyen.* Este orden de interdependencia es el que determina la marcha del cambio histórico, es el que se encuentra en el fundamento del proceso civilizatorio.[202]

Acaso, ello expresa la influencia de la presión del grupo en las individualidades –parte del importante instinto gregario presente en los seres humanos—, sin dejar de lado la reflexión, discusión y práctica de nuevas costumbres vía la educación, pero, finalmente, promovidas desde un ejercicio de autoridad que se impone, conduce y modifica a la colectividad consiguiendo disciplinarla.[203]

> La manifestación de los afectos se canaliza por una línea media de estabilidad, una vez cambiada la estructura de las relaciones humanas, una vez constituidas las organizaciones monopoli-

---

202 Elías, Norbert, *El proceso de la civilización*...op. cit., p. 450 (cursivas mías).

203 Al respecto, vid. Foucault, Michel, *Vigilar y castigar*..., op. cit.; y Weber, Max, *Economía y sociedad*..., op. cit., pp. 43 y ss.

zadoras de la violencia física y, en lugar de la coacción de las batallas y las guerras continuas, se mantiene el control del individuo por medio de las coacciones permanentes de funciones pacíficas, orientadas en función del dinero y del prestigio social. No es que desaparezcan las oscilaciones en el comportamiento y en las manifestaciones de los sentimientos, pero *sí se modelan*. Las oscilaciones hacia arriba y hacia abajo ya no son tan pronunciadas ni los saltos tan inmediatos.

Con esta imagen puede verse claramente qué es lo que ha cambiado. *La amenaza que supone el hombre para el hombre se somete a una regulación estricta y se hace más calculable gracias a la constitución de monopolios de la violencia física*. La vida cotidiana se libera de sobresaltos que se manifiestan de modo repentino. La violencia física se recluye en los cuarteles y no afecta al individuo más que en los casos extremos, en épocas de guerra o de subversión social. Por regla general, esta violencia queda reducida a un monopolio de un grupo de especialistas y desaparece de la vida de los demás. Estos especialistas, es decir, toda la organización monopolista de la violencia, ejercen su vigilancia al margen de la vida social cotidiana, como una organización de control del comportamiento del individuo.

[...] *De hecho, lo que cambia es el conjunto del aparato condicionante del comportamiento y, en consecuencia, como ya hemos señalado, no solamente se modifican las formas individuales de comportamiento, sino toda la determinación del comportamiento humano, toda la estructura del aparato de autocontrol psíquico*. La organización monopolista de la violencia física no solamente coacciona al individuo mediante una amenaza inmediata, sino que ejerce una coacción o presión permanentes mediatizadas de muchas maneras y, en gran medida, calculables. En muchos casos, esta organización actúa a través de su propia superioridad. Su presencia en la sociedad es, habitualmente, una mera posibilidad, una instancia de control. *La coacción real es una coacción que ejerce el individuo sobre sí mismo en razón de su preconocimiento de las consecuencias que puede tener su acción al final de una larga serie de pasos en una secuencia, o bien en razón de las reacciones de los adultos que han modelado su aparato psíquico infantil*. El monopolio de la violencia física, la concentración de las armas y de las personas armadas en un solo lugar hace que el ejercicio de la violencia sea más o menos calculable y obliga

> a los hombres desarmados en los ámbitos pacificados a contenerse por medio de la previsión y de la reflexión. En una palabra, esta organización monopolista obliga a los seres humanos a aceptar una forma más o menos intensa de autodominio. [204]

Con respecto al avance teórico de dicho proceso de modelación del "aparato psíquico" en los niños –aludido en la cita anterior—, una importante explicación sobre la asimilación del comportamiento moral y su consiguiente obediencia es aportada desde los enfoques acerca de la identidad. En particular, los que abundan en la integración de ésta dentro de las primeras relaciones del individuo en el núcleo familiar hasta la adquisición de la *identidad de yo*, entendida como la aptitud de un sujeto capaz de lenguaje y acción para dar satisfacción a determinadas exigencias de consistencia.[205] En esto, desde la capacidad natural de autopercepción, pasando por la adquisición de roles en la familia, para más tarde asumir el sentido de uno mismo en relación con otros, la teoría evolutiva del desarrollo moral contribuye al entendimiento de cómo se moldea nuestra moralidad y autoapreciación identitaria.

II. LA ADQUISICIÓN DEL SENTIDO MORAL E IDENTITARIO

Las perspectivas teóricas que han abordado el tema de la identidad provienen básicamente de posturas psicoanalíticas, filosóficas, sociológicas y evolutivas, en las que están inscritos estudiosos de la talla del mismo Freud, Fromm, Adorno, Sulli-

---

204 Elías, Norbert, *El proceso de la civilización...*, pp. 456-457 (cursivas mías).

205 Cf. Habermas, Jürgen (1992), *La reconstrucción del materialismo histórico*, Madrid, Taurus Santillana, p. 63.

van, Erickson, Mead, Levi Strauss, Goffman, Piaget, Habermas, Kolberg y Guilligan, entre otros.[206]

En ellas se asumen varios núcleos de consistencia: como la interiorización de la cultura y las figuras de autoridad en la conformación de psique humana, las interrelaciones tempranas y posteriores, el simbolismo, la capacidad lingüística y de acción, así como la evolución cognitiva y moral del individuo y de la sociedad. Todo ello –de modo integrativo—, ha contribuido a tener mayor claridad en cuanto a la conformación y el desarrollo identitario y moral de los sujetos y las culturas en que nacen y se relacionan socialmente. Conviene tratar de manera sintética los temas centrales de: I. la identidad y II. el desarrollo moral.

I

La identidad es definida como la capacidad de *consistencia* de un sujeto ante la diversidad de cambios que experimenta a lo largo de su vida. Más específicamente, aun cuando el individuo afronta una continua modificación cognitiva, perceptual y vivencial durante su periodo vital, su identidad propia se mantiene lo suficiente como para autoidentificarse y ser reconocido por otros como alguien en particular, idéntico a sí mismo.[207] A grandes rasgos, es conveniente agregar que este proceso de adquisición identitaria pasa por las siguientes etapas:

a) La primera se conoce como *identidad natural*, la cual compartimos con otros seres vivos capaces de auto percibirse como una singularidad ante el entorno que les rodea: es él en su hábitat, distinto a los demás seres.

---

[206] Vid. Ibidem, p. 61; también Gilligan, Carol (2013), *La ética del cuidado*, Barcelona, Cuadernos de la Fundación Víctor Grífols i Lucas, 30, pp. 10-39.

[207] Cf. Habermas, Jürgen, *La reconstrucción del...* op. cit. pp. 63 y ss.

b) La *identidad de roles* es particular de los seres humanos y se adquiere en la convivencia dentro del núcleo familiar, dentro del cual se aprenden los roles asumidos en la convivencia cercana: de madre, padre, hija, hijo, hermana, hermano, etcétera. En estas circunstancias, son aprendidas las primeras normas básicas para interactuar y coordinarse con los demás.

c) *Identidad de yo.* Generalmente es alcanzada en la adolescencia, periodo crítico en el que los grupos externos a la familia pasan a ser de mayor relevancia que en la niñez; en tales circunstancias, se obtiene la percepción y el sentimiento de autonomía y pertenencia a otros grupos con los cuales el individuo puede identificarse o no, pero ya con progresiva toma de consciencia acerca de su autonomía.

> En la identidad de yo se expresa la circunstancia paradójica de que el yo, en cuanto persona, es en definitiva igual a todas las otras personas, mientras que, en tanto que individuo, es esencialmente diferente del resto de los individuos. Es por ello que la identidad de yo puede probar sus armas en la capacidad del adulto de construir identidades nuevas en situaciones conflictivas y armonizarlas con las viejas identidades que se ven así superadas al objeto de organizarse a sí mismo y organizar sus interacciones en una biografía singular, bajo la guía de principios y modos de proceder generales.[208]

II

El desarrollo moral. Es un proceso de transformación por el cual los integrantes de una comunidad aprenden a interactuar con los demás de acuerdo con lo que se acostumbra en el trato social, esto es, mediante el aprendizaje de la moral prevale-

---

208 Ibid., p. 80.

ciente. Ello se consigue progresivamente, conforme acontece el proceso evolutivo en la aptitud cognitiva del ser humano. En tal sentido, Lorenz Kohlberg se apoya en la teoría cognitiva de Piaget para proyectarla en el gradual crecimiento moral de un individuo, a partir de su infancia y hasta alcanzar la madurez. Plantea que esto acontece durante tres niveles de desarrollo de la consciencia moral que, a su vez, comprenden dos estadios cada uno. Veamos el extracto que Habermas hace como uno de los mejores estudiosos de esta teoría:

Bosquejo de la teoría del desarrollo moral

TRES NIVELES DE DESARROLLO MORAL Y SUS ESTADIOS:

I. PRECONVENCIONAL

En este nivel el niño es receptivo a las normas culturales y a las etiquetas de bueno y malo, justo o injusto, pero interpreta estas etiquetas en función bien sea de las consecuencias físicas o hedonistas de la acción (castigo, recompensa, intercambio de favores) o en función del poder físico de aquellos que emiten las normas y las etiquetas. El nivel se divide en los dos estadios siguientes:

Estadio 1. La orientación a la obediencia y el castigo. Las consecuencias físicas de la acción determinan su bondad o maldad, con independencia del significado o valor humanos de tales consecuencias. La evitación del castigo y la deferencia incuestionable hacia el poder se valoran por sí mismas y no en función del respeto a un orden moral subyacente apoyado en el castigo y en la autoridad (este último es el estadio 4).

Estadio 2. La orientación instrumental relativista. La acción justa es la que satisface instrumentalmente las necesidades del yo y, ocasionalmente, las de los otros. Las relaciones humanas se consideran de un modo similar a las propias del mercado. Se encuentran presentes elementos de honestidad, reciprocidad y de participación igual, pero se interpretan siempre de un modo físico-pragmático. La reciprocidad es un asunto de "tú me rascas la espalda y yo te rasco la tuya", no de lealtad, gratitud o justicia.

II. CONVENCIONAL

En este nivel se considera que el mantenimiento de las expectativas de la familia, el grupo o la nación del individuo es algo valioso en sí mismo. La actitud no es solamente de *conformidad* con las expectativas personales y el orden social, sino de lealtad hacia él, de *mantenimiento* apoyo y justificación activos del orden y de identificación con las personas o el grupo que en él participan. En este nivel hay los estadios siguientes:

Estadio 3. La orientación de la concordancia interpersonal de "buen chico-buena chica". El buen comportamiento es aquel que complace y ayuda a los otros y recibe su aprobación. Hay una gran conformidad con las imágenes estereotipadas en relación con el comportamiento mayoritario o "natural". Frecuentemente se juzga el comportamiento en virtud de la intención: "tiene buena intención" es algo que, por primera vez, tiene importancia. Uno gana la aprobación siendo "majo".

Estadio 4. Orientación de ley y orden. Hay una orientación hacia la autoridad, las normas fijas y el mantenimiento del orden social. El comportamiento justo consiste en cumplir con el deber propio, mostrar respeto por la autoridad y mantener el orden social dado porque es valioso en sí mismo.

III. POSCONVENCIONAL

En este nivel hay un esfuerzo claro por definir los valores y los principios morales, que tienen validez y aplicación con independencia de la autoridad de los grupos o personas que mantienen tales principios y con independencia de la identificación del individuo con tales grupos. Este nivel también tiene dos estadios:

Estadio 5. La orientación legalista socio-contractualista, generalmente con rasgos utilitarios. La acción justa tiende a definirse en función de derechos generales e individuales y de pautas que se han examinado críticamente y aceptado por toda la sociedad. Existe una conciencia clara del relativismo de los valores y las opiniones personales y se da la importancia correspondiente a las normas procedimentales como medio para alcanzar el consenso. Aparte de los acuerdos constitucionales y democráticos,

> lo justo es un asunto de "valores" y "opiniones" personales. El resultado es una importancia mayor concedida al "punto de vista legal", subrayando la posibilidad de cambiar la ley en función de consideraciones racionales de utilidad social (antes de congelarla como se hace en el estadio 4 de "ley y orden"). Fuera del ámbito jurídico, el acuerdo libre y el contrato son los elementos vinculantes de la obligación. Esta es la "moralidad" oficial del Estado y la Constitución norteamericanos.
>
> *Estadio 6. La orientación de principios éticos universales.* Lo justo se define por una decisión de la conciencia de acuerdo con *principios éticos* que ella misma ha elegido y que pretenden tener un carácter de amplitud, universalidad y consistencia lógicas. Estos principios son abstractos y éticos (la regla de oro, el imperativo categórico); no son normas morales concretas, como los Diez Mandamientos. En esencia, éstos son principios universales de *justicia,* de *reciprocidad* e *igualdad* de los *derechos* humanos y de respeto por la dignidad de los seres humanos como *individuos.*[209]

Esta teoría, aún con los posibles cuestionamientos por su pretensión universalista, está fundamentada en la naturaleza humana no sin dejar de lado al relativismo cultural, pues lo que le da fuerza es su asiento en los rasgos que compartimos *todos* los individuos por pertenecer a la misma especie, allende la diversidad de manifestaciones culturales dadas según el tiempo y el lugar en que cada pueblo y nación se ha instalado y construido su particular identidad social. Y precisamente, en cuanto a la relación entre la identidad y el desarrollo moral, Habermas ha ampliado el alcance de dicha concepción teórica más allá del individuo, para transferirla al desarrollo moral de las sociedades y sus culturas, aun con la identidad social propia de cada una. En ello, un punto medular es el paralelismo

---

[209] Ibid., op. cit. pp. 68-69.

interesante que observa existe –guardadas las proporciones— entre los individuos y las sociedades:[210]

En cuanto a los primeros, cabe hablar de egocentrismo propio de la infancia que progresivamente se desvanece conforme el individuo se desarrolla cognitiva y moralmente, lo que equivale a denominar *descentramiento de su ego*, que lo coloca en la posibilidad de reconocer a los demás en su calidad de alter ego.

Por su parte, en el caso de las sociedades, también éstas atraviesan por una progresiva descentración. Así, es adecuado referir como *sociocentrismo* el rasgo característico de las sociedades y culturas en sus etapas incipientes, en las que cognitivamente, de forma similar a lo acontecido en los individuos durante la infancia, prevalece la preponderancia en el interés del grupo frente a otros grupos, así como el pensamiento mágico y concreto que se revela por medio de las creencias y prácticas culturales cuyas explicaciones de la existencia de mundo no son menos racionales que las dadas en sociedades más descentradas, pero sí más ligadas a la inmediatez del entorno y a las consiguientes elaboraciones míticas del mismo.

De tal forma, al igual que la teoría del desarrollo moral del niño funciona para dar cuenta de un proceso de descentración del individuo hacia el reconocimiento de la existencia e interacción con otros, y que llega a manifestarse en pensamiento universalista en la madurez,[211] otro tanto puede ser considerado en el caso de las sociedades y sus culturas, las cuales, históricamente, han ido progresando –de forma evolutiva— por medio de un proceso que va del *sociocentrismo* hacia el reconocimiento de la diversidad cultural.

---

210 Ibid. p. 85 y ss.; igualmente, consultar Habermas, Jürgen, *Conciencia moral y acción comunicativa...*

211 por supuesto si, en efecto, hubo desarrollo moral, pues muchas personas no lo consiguen y permanecen atrapadas en estadios previos.

Ello ocurre en función de la autopercepción racional en que los integrantes de una sociedad llegan a reconocerse con características específicas que les dan identidad social. Tales identidades sociales se adquieren, no obstante, a la par de un desarrollo moral social en avance, en el que se tiende a la aceptación de principios o mínimos éticos universales; lo cual, cuando sucede, exhibe la presencia de una moralidad incluyente que reconoce claramente el derecho a la diferencia y a la coexistencia culturales.

III. DE UNA MORAL CENTRADA EN LA JUSTICIA A UNA MORAL CUYA ESENCIA ES EL CUIDADO

Hasta ahora hemos logrado dar cuenta de la importancia de la moral en las relaciones efectuadas dentro de una sociedad. Que sin moral sencillamente no puede hablarse de convivencia y orden social, y que, por medio de éste, en la medida en que se monopoliza institucionalmente la potestad de aplicar o amenazar con el uso de la violencia, se ha conseguido una vida en sociedad más organizada y menos sujeta a la efusión de impulsos y pasiones de quienes dominan. En pocas palabras, que a mayor civilidad entre los ciudadanos de una nación existe una convivencia más pacífica. Y en este proceso civilizatorio ha sido fundamental conformar una moralidad superior a fin de avanzar hacia una existencia más humana y menos bestial. Con objeto de proporcionar mayor claridad al respecto, también se ha expuesto la perspectiva teórica que nos facilitan entender de qué manera, además de la coacción, la moral es adquirida por una convivencia estrecha que progresivamente aumenta según los individuos acceden a otras interacciones sociales que trascienden las de grupos primarios como la familia.

Con todo ello hemos podido dar una salida admisible que facilita la comprensión de porqué unas sociedades, con identidades específicas y, por lo mismo, diferentes entre sí, pueden –pese a tales diferencias—poseer un sistema valorativo que se refleja en una moralidad más desarrollada, y con la cual la vida social se torna menos agresiva y más abierta a la tolerancia y aceptación de lo distinto.

En tal sentido, la teoría del desarrollo moral resulta muy potente para dar cuenta de cómo esto se ha hecho posible en algunas latitudes del mundo. Sin embargo, tal teoría es un tanto incompleta cuando no alcanza para explicar el punto medular y papel que tienen sentimientos como la empatía en tal proceso. Esto, porque los niveles dados en el enfoque ortodoxo de la teoría del desarrollo moral se fundan, principalmente, en el progreso cognitivo y su consiguiente uso de la razón, como si la vida humana no estuviera también condicionada de forma relevante por la emocionalidad, los sentimientos y las pasiones.

De manera que como fue planteada por Kolberg, la teoría del desarrollo moral es exitosa en describir y dar cuenta de cómo avanza el uso de la razón en la convivencia, pero, digamos, menos certera al distanciarse del terreno emocional de la vida del ser humano –en definitiva— tan decisivo, en el caso que nos ocupa, para la emisión de la conducta agresiva y violenta; de ahí que un enfoque del desarrollo moral primordialmente centrado en la razón le resta fuerza explicativa a la teoría. No obstante, su crítica desde el punto de vista femenino del mundo –representado por Carol Guilligan[212]— le ha proporcionado recursos teorético-prácticos que, sin afectar el planteamiento central, lo complementa al proporcionar argumentos y evidencias que ponen el énfasis en la aptitud empática del ser humano, no menos fuerte que la de su racionalidad. De tal modo, se ha ampliado el centro puesto sólo en la ética de la justicia, a su indispensable porción complementaria de una ética del cuidado.

---

212 Psicóloga y filósofa estadounidense que puso el acento en una ética del cuidado, como complementaria la visión ética centrada solo en la justicia.

En otros términos, la explicación considera en el comportamiento civilizado no solamente la justicia racional, sino de modo prioritario el cuidado del otro. Con esto se integran racionalidad y sentimientos, es decir: aquello que racionalmente se cree justo, a la par de lo que empáticamente se siente y actúa para cuidar de los demás.

Para dar cuenta integrativa tema, ahora será necesario tratar más de cerca la conformación moral en el cerebro humano, es decir, ubicarla en su calidad de producto evolutivo que ha sido incorporado a nuestro córtex prefrontal en conexión con otras estructuras del cerebro.

IV. LA MORAL COMO RESPUESTA ADAPTATIVA DEL SER HUMANO ANTE SU ENTORNO

Un caso notorio en la historia de cómo puede modificarse radicalmente la forma de ser y el comportamiento es el de Phineas Gage, un trabajador de vías ferroviarias cuyo infortunado caso en el siglo XIX asombró al mundo no solamente por su impresionante acontecer, sino también por el estrujante resultado:

> Phineas Gage era un obrero de 25 años que trabajaba como capataz en la construcción de una vía de ferrocarril entre dos ciudades en Vermont, Estados Unidos. Se encargaba de detonar las piedras que formaban la montaña, para poder hacer la vía. Su trabajo consistía en poner explosivo compactado con arena en la piedra, compactación que hacía con una barra de hierro. En un descuido, probablemente al olvidarse de poner la arena, con el golpe de la barra de hierro en la piedra, saltó una chispa, que hizo explosionar la pólvora ya colocada, y la barra de hierro traspasó por la mejilla izquierda de la cara de Phineas Gage y salió por la parte del cráneo derecho.
>
> Phineas Gage cayó tres metros por detrás, por la fuerza de la inercia del golpe y, ante la sorpresa de todos sus compañeros, no perdió la conciencia y empezó a hablar al momento. Lo llevaron al centro médico del pueblo, en donde lo atendió el

> doctor Harlow, quien pudo sacarle la barra de hierro y curarle la herida. A los dos meses, Phineas Gage, volvió a su trabajo [... pero] el que antes era un capataz amable, conciliador y responsable, que llevaba a varios trabajadores bajo su responsabilidad[213] [dejó de serlo, pues] nos dice Harlow, se destruyó "el equilibrio entre sus facultades intelectuales y sus inclinaciones animales". Los cambios se hicieron patentes apenas terminó la fase aguda de su lesión cerebral. Ahora era "impredecible, irreverente, dado a las expresiones más groseras (lo que antes no había sido su costumbre), manifestaba poca o ninguna deferencia hacia su prójimo; incapaz de contenerse o de aceptar un consejo si se oponía a sus deseos inmediatos, mostraba, junto a una porfiada obstinación, una conducta caprichosa y vacilante; fantaseaba con un futuro improbable, armando castillos en el aire que abandonaba apenas esbozados. Niño en sus manifestaciones y capacidades intelectuales, tenía las pasiones animales de un adulto fuerte". Se recomendaba a las damas no acercarse para evitar ser insultadas por su lenguaje vulgar. Las enérgicas admoniciones de Harlow no tuvieron ningún efecto. Los nuevos rasgos de Gage contrastaban agudamente con los "hábitos temperados" y "considerable fuerza de voluntad" que lo habían destacado en el pasado. Solía tener una "mente bien equilibrada", y se lo consideraba "un personaje inteligente y hábil, muy persistente y enérgico en la consecución de sus objetivos".
>
> No hay duda de que, en el contexto de su época y ocupación, era exitoso. Su personalidad cambió tan brutalmente que parientes y amigos apenas lo reconocían. Con tristeza, veían que "Gage ya no era Gage".[214]

En neurobiología han sido reportados casos con daño cerebral semejante al de Gage, producidos por tumores que han lesionado zonas del córtex prefrontal fundamentales en las ap-

---

[213] Instituto de rehabilitación neurológica, irenea (2017), disponible en: *https://irenea.es/blog-dano-cerebral/cambio-personalidad-dano-cerebral-poco-historia/#:~:text=PHINEAS%20CAGE%20Y%20LAS%20ALTERACIONES,de%20decisiones%20de%20este%20paciente*

[214] Damasio, Antonio, (1997), *El error de Descartes. La razón de las emociones*, Santiago de chile, *Andrés* Bello.

titudes del razonamiento y la emocionalidad.[215] En específico, ahora se sabe que en el cerebro de Gage fue dañado –más dentro del hemisferio izquierdo— el córtex prefrontal en sus regiones dorsolateral (ligada al juicio) y la región ventromedial (asociada a la vida sentimental), ambas en interconexión y, asimismo, conectadas, entre otras, a estructuras cerebrales básicas como la región cingulada, la amígdala y núcleos hipotalámicos.[216] Áreas fundamentales en la toma de decisiones, la racionalidad y las emociones. Se dice así que fue como si Gage perdiera "su alma".

Por su parte, en los pacientes con daño cerebral semejante, también se ha constatado la pérdida en la capacidad de tomar decisiones asertivas y conservarse dentro de una actividad laboral con eficacia, esto es, teniendo la posibilidad de planear y ejecutar acciones a corto, mediano y largo plazo; también la vida sentimental de dichos pacientes queda comprometida, al punto de perder la empatía y sensibilidad emocional, permaneciendo así a expensas de una existencia más bien plana afectivamente hablando.[217]

Investigaciones como las de los esposos Damasio y colaboradores han arrojado luz acerca de las estructuras cerebrales evolutivamente depositarias de las representaciones mentales, la racionalidad y la vida emocional. Regiones funcionalmente en interconexión sin las cuales cabe hablar de plenitud de razonamiento lógico y vida sentimental.

De tal modo, cuando existe daño en tales regiones del cerebro, queda dañada la personalidad y la vida valorativa del individuo que sufre las afecciones referidas. Se pierden sus logros y aptitudes de relación moral adquiridas vía el aprendizaje racional y sentimental de la existencia valorativa, fruto de la cultura.

---

215 Ibidem, pp. 55 y ss.

216 Ibid., pp. 52 y ss.

217 Cf. Idem.

Todo esto, aun cuando en apariencia los afectados muestran comportamientos y capacidad de expresión normales.

Vemos pues cómo la existencia humana se produce y reproduce tanto por su conformación biológica, dada por la evolución de su organismo en interacción con el medio físico y social, como por la vida cultural que no solo refuerza dicha configuración natural, sino que también la modifica como parte del proceso de adaptación vital al entorno. Circunstancia en que la moral juega un papel decisivo como continuación ininterrumpida y ligada a nuestra naturaleza instintiva.

Con relación a ello, procede preguntar sobre nuestra aptitud moral basada en la razón y también en las emociones. Tema que veremos enseguida.

V. RAZÓN Y SENTIMIENTOS HUMANOS: ¿CABE HABLAR DE DIFERENCIAS ASOCIADAS AL SEXO?

Cuando Carol Gilligan llamó la atención sobre el sesgo de la teoría del desarrollo moral elaborada por Lorenz Kolberg –quien había sido su maestro—, en torno al hecho de que fue construida con base en cuestionarios aplicados únicamente a individuos del sexo masculino, realmente puso el acento en un asunto fundamental aunque en ese tiempo ella no tuviera una idea precisa de los avances posteriores en la neurobiología: que los hombres y las mujeres no pensamos ni sentimos con diferencias atribuibles sólo a la variabilidad humana o a las diferencias de roles sociales de género a lo largo de nuestra historia, sino resultantes de características anatomofuncionales biológicamente definidas en el proceso evolutivo de nuestra especie.

En efecto, el que en su momento Gilligan pusiera en duda la supuesta inmadurez moral que las mujeres mostraban, según los criterios evaluadores de la teoría de Kolberg, se debía a la selección de dichos criterios, los cuales privilegian una forma mayormente masculina de interpretar y desenvolverse en el mundo; es decir, que forman parte de un modelo marcadamente racional dirigido a una ética de la justicia bastante omisa de la esfera emocional, también involucrada en la percepción, los sentimientos, el pensamiento, la reflexión y la pasión de las acciones humanas.

No sin bases, la filósofa destacó una cualidad –significativamente femenina— centrada en el cuidado del otro, que precisa ser antepuesta a lo que pudiera parecer justo o no. En tal sentido, complementó la teoría del desarrollo moral original, poniendo el énfasis en la necesidad de incluir el cuidado dentro de los criterios éticos guía del desarrollo moral en una sociedad. De tal manera, subsiste una integración entre la *ética de la justicia* y la *ética del cuidado*, ambas, esenciales en una visión más precisa y de mayor alcance acerca del desarrollo moral de los individuos y de sus culturas.

Como veremos, los avances en neurociencia permiten apreciar la legitimidad del reclamo de Gilligan, pues en la actualidad sabemos que existen diferencias anatomofuncionales entre los cerebros femeninos y masculinos, mediadas también por un diferente funcionamiento hormonal; características que conjugadamente definen muchas aptitudes, preferencias y comportamientos ligados al sexo. Para adentrarnos en el tema, atendamos palabras de Gilligan respecto al comportamiento moral:

> Estas observaciones obligan a invertir los interrogantes en torno al desarrollo humano. En vez de preguntarnos cómo adquirimos la capacidad de cuidar de otros, cómo aprendemos a adoptar el punto de vista del otro y cómo superamos la búsqueda del interés propio, nos vemos impelidos a cuestionarnos cómo perdemos la capacidad de cuidar de otros, qué inhibe nuestra facultad de empatía y nuestra sensibilidad hacia el clima emocional de nuestro entorno, por qué somos incapaces de percibir la diferencia entre estar o no estar en contacto y, lo que resulta aún más doloroso, cómo perdemos la capacidad de amar.
>
> Estos cambios en la forma de ver la naturaleza y el desarrollo humanos surgieron en un principio a raíz de la escucha de mu-

> jeres. Esta «voz diferente» tenía un sonido distinto y se identificaba como «femenina» porque compaginaba razón y emoción, individuo y relaciones, porque era personal en vez de impersonal y estaba inserta en un contexto espacial y temporal.[218]

Es visible el cambio de perspectiva: de una apreciación abstracta sobre lo que puede considerarse justo, o ligado a un mayor desarrollo humano basado de forma relevante en el uso de la razón, a considerar, primordialmente, el sentimiento empático de lo que somos y lo que nos debemos los unos a los otros dotados de una aptitud natural no sólo racional sino también emocional.

Vistas así las circunstancias, necesariamente el núcleo del sentido y comportamiento humanos está en el cuidado; en el reconocimiento del trato directo y empático como alternativa –no excluyente, más bien complementaria— del abstracto sentido de la justicia, eminentemente derivado del uso de la razón.

Casos como el de Phineas Gage muestran que las esferas racional y emotiva van juntas e indisolublemente asociadas cuando se piensa, reflexiona, discute, decide y actúa en la vida humana. Que el cerebro funciona de forma conjugada, de modo que la razón está ligada a las emociones, los sentimientos y la pasión que –en concierto natural— se condicionan entre sí para funcionar eficazmente y resolver los problemas que la existencia le impone a los individuos y sus culturas.

Así, la teoría del desarrollo moral puede apreciarse de forma integrativa en la siguiente síntesis basada en el pensamiento de Gilligan:

Caracterización de la ética de la justicia y la ética del cuidado

Ética de la justicia: Se basa en la aplicación de principios morales abstractos (formalismo). Es importante la imparcialidad,

---

218 Gilligan, Carol (2013), *La ética del cuidado*, Barcelona, Fundación Víctor Grífols i Lucas Cuaderno 30, p. 13.

mirar al otro como un otro genérico prescindiendo de sus particularidades como individuo (imparcialismo). Por estas características, todas las personas racionales deben coincidir en la solución de un problema moral.

Ética del cuidado: Se caracteriza por un juicio más contextual. Hay una tendencia a adoptar el punto de vista del "otro particular", con sus peculiaridades, a la intervención de los sentimientos, la preocupación por los detalles concretos de la situación a juzgar. Como se tiene en cuenta el contexto, no todos han de coincidir en la solución del problema moral.

Ética de la justicia: Se basa en el respeto de los derechos formales de los demás. Sería el derecho de un ser humano a hacer lo que desee sin afectar los derechos de los demás, por lo que supone poner reglas que reduzcan la invasión de otros derechos y así limiten el daño al mínimo. La responsabilidad hacia los demás se entiende como una limitación de la acción, un freno a la agresión.

Ética del cuidado: Se basa en la responsabilidad por los demás. Eso supone una preocupación por la posibilidad de omisión, de no ayudar cuando podríamos hacerlo. No se trata solo de contener la agresión, la falta de respuesta, no actuar cuando habría que hacerlo, es también un problema.

Ética de la justicia: Para esta ética es necesario partir de las personas como separadas, independientes. Supone una concepción del individuo como previo a las relaciones sociales.

Ética del cuidado: Se basa en la comprensión del mundo como una red de relaciones en las que se inserta el Yo. De ahí surge un reconocimiento de las responsabilidades hacia los demás.

Ética de la justicia: Se ocupa de cómo llegar a unas reglas mínimas de convivencia, o mejor aún, de marcar los procedimientos que se deben seguir para llegar a resultados justos, pero sin pronunciarse sobre los resultados mismos. Por tanto no se puede decir que algo es bueno en general, sólo si la decisión se ha tomado siguiendo las normas. (procedimentalismo)

> ***Ética del cuidado:*** Se ocupa no sólo de las reglas, sino de cualquier cosa que se valore como moral.[219]

Vemos, entonces, la concepción del desarrollo Moral de Gilligan más enfocada en los rasgos de nuestra naturaleza humana –como individuos y en calidad de especie gregaria— en que importa conservar lo que biológicamente nos ha dado la sensibilidad heredada: *la responsabilidad de cuidarnos mutuamente con empatía y uso de razón*, con lo cual no se excluye la posibilidad de abstraer formalmente un sentido de la justicia sino, al contrario, fortalecerlo mediante la contextualización inherente a los problemas de la vida práctica que –por definición— son morales y afectan a quienes los enfrentan y precisan darles solución.

Ahora bien, tal rescate del pensamiento moral *sustentado en la sensibilidad* revela una percepción vital mayormente ubicada en el trato entre las personas, en la imprescindible importancia de acercarse a ellas empáticamente fin de comprender mejor su papel en el mundo y apoyarlas solidariamente si hace falta. Así pues, es posible afirmar que el acento puesto en el trato humano proviene de una visión diferente de la existencia, emanada de las diferencias en el cerebro de la mujer con relación al cerebro del hombre.

De tal forma, aunque hasta ahora hemos mencionado estructuras propias del cerebro humano en general, enseguida resulta pertinente exponer algunas características que diferencian los cerebros en función del sexo, y que condicionan la distinta –que no excluyente— manera de entender y afrontar la vida.

---

219 Marín, Gloria (1993), *Ética de la justicia, ética del cuidado*, disponible en: *https://feministas.org/IMG/pdf/etica_de_la_justicia_y_etica_del_cuidado_-_gloria_marin.pdf*

VI. LA PERSPECTIVA DEL MUNDO LIGADA AL SEXO: DIFERENCIAS ENTRE EL CEREBRO DE LAS MUJERES Y EL CEREBRO DE LOS HOMBRES

Actualmente, algunas corrientes feministas todavía insisten en reivindicar la igualdad de género sin considerar en serio las diferencias que existen entre los sexos, resultado de la evolución de nuestra especie. En esto objetan a los enfoques "biologicistas" por atribuir cualidades naturales –no adquiridas culturalmente— que motivan algunos conductas y preferencias distintas entre los hombres y las mujeres, producto de predisposiciones psicológicas, por ejemplo, en intereses ocupacionales, reacción ante el peligro, manejo de la ansiedad o, incluso, en la aptitud para relacionarse con personas y objetos.

> [...] algunos tipos de intereses y preferencias ocupacionales muestran grandes diferencias (Lippa, 1998, 2010). Por ejemplo, los hombres tienden a preferir más las ocupaciones centradas en objetos y sistemas (e.g., mecánica, carpintería, d=1.06) y hay moderadas desemejanzas en sus preferencias por ocupaciones artísticas y sociales (d=0.62¬-0.63, respectivamente). Las mujeres y los hombres también muestran grandes diferencias (d=1.29) en el interés que manifiestan por las personas y las cosas, con las mujeres más orientadas a las personas y los hombres más orientados a los objetos (Lippa, 1998, 2005). Agregamos a este estudio mencionado por Lippa un metaanálisis realizado con medio millón de individuos y con un gran tamaño de efecto (d=0.93), que mostró que en promedio los hombres prefieren trabajar con cosas y las mujeres con personas (Su, R. y otros, 2009) [...] No completamos la extensa enumeración de diferencias de sexo que puede ser encontrada en el artículo de Lippa (2006), pero agregamos otros estudios a los mencionados. Uno por demás significativo es el de los universales humanos de Donald Brown, entre los que cabe destacar que en todo el mundo hombres y mujeres son vistos como diferentes, las mujeres se ocupan más directamente de los hijos y los hombres son en promedio más competitivos (2004). Ellis (2011) encontró 65

> diferencias sexuales que aparentemente son universales, sin un solo error de replicación a lo largo de diez estudios.[220]

La anterior cita muestra tan sólo uno de los múltiples campos disciplinarios en los que se investigan las diferencias entre hombres y mujeres, tales como la psicología evolucionista, la genética conductual, la psicología transcultural, la antropología y la neurociencia, entre otras.[221] Y quien se adentra en los argumentos y evidencias presentados en cada una, encontrará el punto de convergencia en la teoría de la evolución, la cual sirve para orientar e interpretar certeramente los hallazgos encontrados, puesto que ilustra cómo el proceso de adaptación de nuestra especie ha requerido rasgos particulares morfológicos, genéticos y funcionales acordes con las vicisitudes enfrentadas por los grupos humanos para su supervivencia y reproducción en los diversos entornos espacio-temporales en que se han establecido a lo largo de su existencia.

En particular, los avances en neurociencia han permitido dar cuenta de importantes diferencias neuroanatómicas y funcionales entre los hombres y las mujeres en sus cerebros y funcionamiento hormonal. Esto es muy relevante para la comprensión del porqué la existencia en comunidad se interpreta y vive según el sexo, factor decisivo en la construcción y avance de una cultura.

Revisemos, entonces, algunas aportaciones de la neuropsiquiatra Louann Brizendine –autoridad muy reconocida en el estudio diferencial entre hombres y mujeres dentro del campo de la neurobiología—, que amplían el panorama para el entendimiento de las denominadas visiones de género que exhi-

---

220 Kreimer, Roxana, "¿Es sexista reconocer que hombres y mujeres no son idénticos? Una evaluación crítica de la retórica feminista", p.p. 6,7. *Disputatio. Philosophical Research Bulletin*. 9, 13 (jun. 2020), 261-305. DOI:*https://doi.org/10.5281/10.5281/zenodo.3567201.*

221 Cf. Idem.

ben cómo *no todas* tienen origen cultural, como aún hasta la fecha se ha intentado sostener.

I. Las hormonas influyen en la estructura y química cerebral marcando importantes diferencias en la apreciación de la vida entre hombres y mujeres. "Lo que hemos encontrado es que el cerebro femenino se ve tan profundamente afectado por las hormonas que puede decirse que la influencia de éstas crea una realidad femenina".[222]

II. Los cerebros masculino y femenino no tienen diferencias en el feto durante las primeras ocho semanas, periodo tras el cual, en el caso de los futuros varones, los testículos comienzan a secretar elevadas cantidades de testosterona que marcarán importantes cambios en la conformación y funcionamiento cerebral, con relación a los cerebros femeninos.[223]

III. Por su parte, en los fetos de las futuras mujeres los circuitos cerebrales femeninos para la comunicación, los sentimientos viscerales, la memoria emocional y la contención de la ira crecen sin reducirse; no está presente ninguna testosterona elevada masculina para matar todas estas células [como sucede en el caso previo]. Se facilita así la existencia de más circuitos para la comunicación, comprensión de emociones, matices sociales, habilidades para la crianza; aptitud para utilizar ambos lados del cerebro.[224]

IV. En el caso de las adolescentes, en cuanto el estrógeno inunda el cerebro femenino, las mujeres empiezan a concentrarse intensamente en sus emociones y en la comunicación: hablar por teléfono y citarse con sus amigas en la calle.[225]

---

222 Bizendine, Louann (2023), *El cerebro femenino*, México, Penguin Random House, p. 34 (1ª. Ed. En inglés 2006).

223 Cf. Ibidem, p. 46.

224 Cf. Ibid., p. 27.

225 Ibid. p. 39.

V. Al mismo tiempo, a medida que la testosterona invade el cerebro masculino de los adolescentes, éstos se vuelven menos comunicativos y se obsesionan por lograr hazañas, tanto en el deporte como en el asiento trasero de un coche.[226]

VI. El cerebro de la mujer presenta las siguientes características que lo distinguen del cerebro del hombre:

- Hipocampo de mayor dimensión. Facilita una mayor capacidad de memoria, lo que explica cómo las mujeres pueden recordar, por ejemplo, mayores detalles de su vida en pareja que los hombres, pues poseen mayor memoria emocional a largo plazo (recuerdo más detallado de fechas de aniversario, celebraciones, disputas, convivios, etc. La excepción se da en los recuerdos emocionales ligados a los estados de alerta, en estos casos la memoria masculina también es vívida).
- Amígdala de dimensiones más pequeñas con relación a la amígdala masculina, por lo que existe menor intensidad de la agresión en las mujeres en comparación con los hombres, dado que la amígdala es el primer órgano receptor de las emociones que envía las señales de alerta a otras estructuras cerebrales.
- Las mujeres pueden no sentir siempre el estallido de cólera proveniente directamente de la amígdala como lo experimentan los hombres. En vez de desencadenarse una respuesta de acción rápida ante la ira, en la mujer ésta se traslada a través del sentido visceral de la mente, de la previsión de conflicto-dolor y de los circuitos verbales del cerebro.[227]

---

[226] Idem.

[227] Ibid., p. 194.

- Las mujeres tienen mayor dificultad para suprimir el miedo que los hombres ante el peligro o el dolor anticipado, y dado que la amígdala es el primer y principal receptor del estrés y el miedo, la atención se centra así en la amenaza y la ansiedad que se presenta en las mujeres es cuatro veces mayor que en los hombres. Esto es un disparador de una mayor propensión a la ansiedad y la depresión en las mujeres, y lo que culturalmente se considera como "depresión de género", en la actualidad se sabe que están involucrados la sensibilidad particular al miedo, el estrés, los genes, el estrógeno, la progesterona y la biología cerebral, que desempeñan papeles importantes. Se cree que también aumentan el riesgo de la depresión femenina muchas variaciones de los genes y los circuitos afectados por el estrógeno y la serotonina.[228]

VII. El cerebro del hombre presenta las siguientes regiones con características que lo hacen diferente al cerebro de la mujer:

- *Área Preóptica Medial* (APM): ésta es el área del impulso sexual, que se localiza en el hipotálamo y es 2,5 veces mayor en el varón. Los hombres la necesitan para iniciar una erección.
- *Unión Témporo-Parietal* (UTP): este centro cerebral de la "empatía cognitiva" es un buscador de soluciones que aúna los recursos del cerebro con el fin de resolver problemas inquietantes, tomando en consideración la perspectiva de las demás personas implicadas. Durante la interacción emocional interpersonal, esta zona está más activa en el cerebro del varón, se estimula más rápidamente y se apresura a buscar una solución rápida y práctica.

---

[228] Ibid. 197.

- *Núcleo Premamilar Dorsal* (NPD): es el área de defensa del territorio. Se halla en la zona más profunda del hipotálamo y contiene todos los circuitos del afán de superioridad, la defensa territorial, el miedo y la agresividad, rasgos instintivos en el varón. Es un área más amplia en el hombre que en la mujer y contiene circuitos especiales para detectar desafíos territoriales de otros hombres, lo que le confiere una mayor sensibilidad ante potenciales amenazas territoriales.
- *Amígdala*: es el sistema de alarma de la amenaza, el miedo y el peligro. Dirige los impulsos emocionales. La testosterona, la vasopresina y el cortisol la estimulan, mientras que la oxitocina la calma. Esta área es mayor en los hombres que en las mujeres.
- *Zona Cingulada Rostral* (ZCR): es el barómetro del cerebro para registrar la aprobación o desaprobación social. Esta área de «soy o no aceptado» impide que los humanos cometan el error social más importante: ser demasiado distintos de los demás. La ZCR es el centro cerebral de procesamiento de los errores sociales. Nos alerta cuando no damos en el blanco en el marco de las relaciones o el mundo laboral. En la pubertad esta zona tal vez ayuda a los varones a anular las respuestas faciales con el fin de ocultar sus emociones.
- *Área Tegmental Ventral* (ATV): es el centro de motivación, un área profunda del centro del cerebro donde se fabrica la dopamina, un neurotransmisor necesario para iniciar el movimiento, la motivación y la recompensa. Es una zona más activa en el cerebro masculino.
- *Área Gris Periacueductal* (GPA): la GPA, que forma parte del circuito cerebral del dolor, contribuye a controlar el dolor y el placer involuntarios. Durante la relación sexual, es el centro del gemido, el placer intenso

y la inhibición del dolor. Está más activo durante las relaciones sexuales en el cerebro masculino.

- *Sistema Neuronal Especular* (SNE): es el sistema empático emocional del «siento lo mismo que sientes tú». Sincroniza con las emociones de los demás mediante la lectura de las expresiones faciales y la interpretación del tono de voz y otras pistas emocionales no verbales. Es más amplio y está más activo en el cerebro femenino.
- *Córtex Cingulado Anterior* (CCA): es el área «doña angustias» del miedo al castigo y el centro de la inquietud por el rendimiento sexual. Es más pequeña en los hombres que en las mujeres. Sopesa diversas opciones, detecta conflictos, motiva decisiones. La testosterona disminuye las preocupaciones por el castigo. El CCA es también el área de la cohibición.
- *Córtex Prefrontal* (CPF): El CPF, una suerte de director ejecutivo del cerebro se centra en el asunto que le ocupa, con el fin de sopesarlo a conciencia. Esta zona del «presta total atención a esto ahora» también opera como sistema de inhibición que refrena los impulsos. Es mayor en las mujeres que en los hombres, y en ellas madura uno o dos años antes. [229]

Al contrastar las características cerebrales mostradas bien puede entenderse por qué hombres y mujeres matizamos la existencia de forma distinta, y también ayuda a responder interrogantes como las siguientes: ¿por qué entre los hombres y las mujeres son distintas sus reacciones ante el peligro, la amenaza, las situaciones de riesgo, el miedo, el dolor o el sufrimiento en general? ¿existen diferencias en el trato social y a qué obedecen? ¿las mujeres son más sensibles y empáticas que los hom-

---

229 Brizendine, Louann (2010), *El cerebro masculino*, Barcelona, RBA libros, S. A. *www.rbalibros.com*, pp. 10,11.

bres? ¿a qué se debe una mayor propensión de las mujeres a la ansiedad y a la depresión? ¿qué motiva que los hombres sean más competitivos que las mujeres? ¿por qué los hombres se interesan más en actividades ligadas a la dominación y al poder? ¿Por qué el concepto de la justicia puede ser distinto entre el hombre y la mujer? ¿qué papel juega la interacción, el cuidado y la protección en los hombres y en las mujeres? ¿son los hombres más beligerantes que las mujeres? ¿existe mayor ternura en las mujeres con relación a los hombres? ¿qué expectativas podemos tener en la solución racional y empática de los problemas, dadas las diferencias naturales entre hombres y mujeres?

Sin duda, las diferencias de estructura y función de los cerebros, circuitos neuronales y secreciones hormonales ligadas al sexo de las personas, sirven de base para dar respuestas plausibles a estas y muchas preguntas más, que a menudo inquietan el sentido común acerca de los grandes temas de discusión inherentes a la dignidad humana, tales como los alcances y límites a la igualdad dentro de la diversidad, en múltiples aspectos: sean de género, de aptitud, de preferencia, de situación social, étnica, de credo, o de intersexualidad, esta última *en extremo importante* para comprender el mosaico de sentidos que tiene la vida asociada a la sexualidad, concepción que ha dejado de ser binaria como antes.

Conclusiones

I

La violencia como fenómeno presente en la existencia humana proviene de la agresión, cuya función evolutiva es preservar la vida, pero se torna en violencia cuando la capacidad de conciencia y disminución del comportamiento instintivo deriva, principalmente, hacia la satisfacción de pasiones orientadas a la posesión, el dominio, control y sometimiento de los demás. En tal alcance, la violencia es un contrasentido de la agresión: una favorece la vida y la otra es proclive a lo contrario.

Ciertamente, algunas personas son de naturaleza violenta, dominante y destructiva por perturbaciones en su constitución biológica, en particular cuando padecen algún trastorno de personalidad proveniente de alguna disfunción en su sistema nervioso: deficiencias de origen innato o causadas por algún agente morboso que los afectó en el transcurso de sus vidas. No obstante, los individuos y grupos sin tal disfuncionalidad orgánica pueden tornarse violentos como resultado de sus experiencias de vida, cuando, por ejemplo, están *asociadas al maltrato producido en circunstancias profundamente traumáticas* como las guerras y los atentados graves a su integridad física o mental. Puede decirse así, que la violencia revela morbilidad de origen social.

Esto último implica que la violencia, asimismo, puede emanar de pasiones radicadas en un tipo de carácter que busca el poder sin más propósito que prevalecer sobre los demás por cualquier medio, incluida la manipulación y el engaño tan característicos –aunque no siempre— de quienes asumen posiciones de liderazgo. Pero, además, que la violencia también llega a desencadenarse motivada por sentimientos como la venganza, el dolor, la impotencia o, incluso, el odio; lo cual revela que los seres humanos somos razón y sentimiento sujetos al apasionamiento, condición que –por lo tanto— necesitamos aprender a manejar mediante la forja de un carácter fortalecido por el cuidado y el trato amoroso: todo un reto educativo y cultural.

En efecto, la vida en sociedad –y por ende cultural— llega a generar violencia, que se sufre y/o se aprende, como resultado de las formas de interacción existentes entre los individuos y los grupos de acuerdo con lo que culturalmente estiman valioso; es decir, según el tipo de costumbres o moral prevaleciente que surge de aquello a lo que dan mayor importancia. Una moral poco desarrollada es más propensa a la violencia, que se manifiesta desde el trato verbal o físico grosero, hasta la manera en que generalmente se lleva una existencia impregnada de faltas de respeto y desprecio por la vida y la dignidad humana.

En la medida que una sociedad, más allá de la diversidad de la cultura que la distingue identitariamente, logra trascender estadios de subsistencia primitivos o degradantes, y asimilar patrones de vida universalmente reconocidos –procedentes de una misma naturaleza humana—, el trato entre los individuos y los grupos obedece a una moral centrada en el respeto hacia la vida y, por ende, en la dignidad de las personas.

Se tiene así, una existencia más pacífica y con un uso de la violencia restringido mínimamente al control social, puesto que en una sociedad *alta de moral* existen vías y alternativas, racional y emocionalmente motivadas, que van más allá del empleo de formas violentas para resolver los afanes existenciales humanos. De aquí la importancia de un *Estado de Justicia* que garantice el ejercicio de los derechos humanos, más que un Estado de bienestar, pues una vida buena, materialmente hablando, se desprende de una vida con justicia, es decir, con alta moral.

II

La necesidad de una vida plena y éticamente orientada se cubre por medio del entendimiento de nuestra naturaleza y condición humanas juntas: una, producto del proceso evolutivo de adaptación, y la otra emanada de nuestra aptitud para construir y vivir en cultura. Además, esta última proviene de la evolución en nuestra capacidad cognitiva, de la razón y la emoción amalgamadas en las maravillas que llamamos consciencia y autonomía. De ahí que resulte indispensable concebir la dotación completa de nuestra existencia biológica y social creada en el mundo de la vida, a saber: que nuestras decisiones provienen de la actividad conjunta de la razón y la pasión.

Por ello, al considerar las cualidades propias de nuestra especie, que se diversifican –y revelan— a través del espectro de la diversidad intersexual, podemos entender que nuestras necesidades y sentido de la justicia y solidaridad están inseparablemente unidos al sentimiento empático –mismo que compartimos con otras especies—, sin el cual sería inviable la vida gregaria y, en nuestro caso, apta para dar y recibir amor. De manera que, si hemos de alcanzar una vida cultural y moralmente desarrollada, ésta tendría que verse como resultado de las relaciones sociales centradas en la empatía, el discernimiento y el cuidado.

III

Esta investigación, emprendida bajo el paradigma de la complejidad, ha logrado exponer a la violencia como un fenómeno extremadamente complejo de múltiples aristas que, de no analizarse todas conjunta y conjugadamente, es prácticamente imposible alcanzar un conocimiento que haga posible no sólo su mayor comprensión, sino trazar estrategias y programas de importancia vital para contrarrestar tanto sus orígenes como sus efectos y proliferación.

Hoy, que vivimos en una progresiva incertidumbre y desasosiego acerca del porvenir del mundo, son indispensables estudios de corte complejo como el aquí desarrollado, con la finalidad de contar con referentes básicos que faciliten propuestas de análisis aplicados a políticas públicas asertivas y eficaces para disminuir y, finalmente, erradicar una vida con el eje centrado en la violencia que, actualmente, resulta en extremo perniciosa y amenazante a la vida en el planeta.

Epílogo

La insensibilidad, inseparable –centro— de algunos trastornos de la personalidad, puede ser un problema adaptativo cuando los rasgos están en el extremo patológico del continuum salud-enfermedad. Pero si no es así, como en el caso de la tétrada obscura de la personalidad, analizada en el segundo capítulo, los rasgos malevolentes resultan perfectamente funcionales en un entorno en que abundan las acciones de desapego y desinterés por los demás o falta de empatía, e incluso –engañosamente— llegan a reconocerse como "rasgos evolutivamente adaptativos". Piénsese, por ejemplo, en el despliegue de "agresividad", violencia, manipulación, fingimiento y explotación de parte ciertos individuos –no pocos— que ejercen actividades empresariales, políticas o de liderazgo ligado a la fe, para quienes lo importante es la influencia y beneficios obtenidos por ellos de las "masas" de consumidores, ciudadanos o creyentes.

De tal modo, si la ausencia de empatía, el desapego e interés por otros no representa un problema de adaptación, como en el caso de la Tétrada, observamos que desaparece, objetivamente hablando, la posibilidad de considerarla mórbida ya que *la adaptabilidad* a la vida social es *el criterio base* para definir si hay o no enfermedad.

No obstante, ir contra la supervivencia de la especie no puede ser tomado *en serio* como rasgo adaptativo, pues ocasionar daño a otros por medio comportamientos vinculados al abuso de poder, acumulación de riqueza, generación de desigualdad nociva a la condición humana y deterioro del ambiente, es decir, tener indiferencia ante un mundo con pobreza multidimensional y perjuicio a la vida de otras especies, de ningún modo favorece la evolución de la humanidad y del planeta. Así que, bajo el criterio de los síndromes "a favor" o "en contra" de la vida, los rasgos o personalidades malevolentes *no pueden* ser considerados saludables en una normalidad que los incluye como si lo fueran. La malignidad u obscuridad de tales formas de ser y obrar *necesariamente son reconocibles como patológicas,* aun cuando sus portadores se muevan en el mundo de manera muy adaptada y con mucha capacidad organizativa de grupos y sociedades. El centro de la atención, entonces, se enfoca hacia el tipo de sociedad y mundo en el que podemos vivir y pervivir con dignidad.

Referencias

Asociación Americana de Psiquiatría, *DSM-5* (2014), versión en español, México, Ed. Médica Panamericana. En particular, Sección III: "Modelo alternativo del DSM-5 para los trastornos de la personalidad".

American Psychiatric Association (2014), *Guía de consulta de los criterios diagnósticos del DSM-V,* Chicago , EEUU, American Psychiatric Publishing, A division of American Psychiatric Association, Washington, D.C.-London, England, Traducción: Burg Translations Inc.

Arana Medina, Claudia Marcela (2012), "Funciones ejecutivas y cognición social en sujetos con diagnóstico de personalidad antisocial", en *Hacia la transformación en la dinámica investigativa,* Fundación Universitaria Luis Amigó, Medellín, Colombia

Barbieri, Alberto (2016). ¿Existe el altruismo en el mundo animal? Natural. Recuperado de *lavanguardia.com*

Basarab, Nicolescu, *La transdisciplinariedad. Manifiesto* (1996), Ed. Du Rocher.

Baskin-Sommers, Arielle R & Baskin, Deborah (2016), "Psychopathic Traits Mediate the Relationship Between Exposure to Violence and Violent Juvenile Offending", *Springer Science+Business Media New York, J Psychopathol Behav Assess,* [en línea], disponible en: *https://modlab.yale.edu/sites/default/files/files/Baskin-SommersBaskin_PPMediate.pdf*

Belardineli, Sergio (1991), *La teoría consensual de Jürgen* Habermas, Anuario filosófico, p. 117, [en línea], disponible en: *https://dadun.unav.edu/bitstream/10171/2322/1/02.%20Sergio%20Belardinelli.%20La%20Teor%C3%ADa%20Consensual%20de%20La%20Verdad%20de%20J%C3%BCrgen%20Habermas.pdf*

Berg, Liz (2014), "Comparing Predatory Versus Affective Violence and Examining Early Life Stress as a Risk Factor", *Writing Excellence Award Winners.* Paper 37, pp. 3-6, [en línea], disponible en: *http://soundideas.pugetsound.edu/writing_awards/37*

Boatright, John R., et. al. (2021), *Valores y Ética para el Siglo XXI,* España, BBVA.

Buss, David M. (2014), "Comment: Evolutionary Criteria for Considering an Emotion "Basic": Jealousy as an Illustration", *Emotion Review, Vol. 6, No. 4,* pp. 1–3

Borruel, N. (2003), "Interacciones bacterianas con el sistema inmunológico intestinal: inmunomodulación" en *Prebióticos y probióticos: mecanismos de acción y sus aplicaciones clínicas*, Revista de Gastroenterología y Hepatología, vol. 26, Núm. S1, pp.13-22. Disponible en: *https://www.elsevier.es/es-revista-gastroenterologia-hepatologia-14-articulo-interacciones-bacterianas-con-el-sistema-13043242*

Bizendine, Louann (2023), *El cerebro femenino*, México, Penguin Random House, p. 34 (1ª. Ed. En inglés 2006).

Brizendine, Louann (2010), *El cerebro masculino*, Barcelona, RBA libros, S. A. *www.rbalibros.com*, pp. 10,11.

Calderon Delgado, Liliana y Barrera Valencia Mauricio (2012), *"Exploración neuropsicológica de la atención y la memoria en niños y adolescentes víctimas de la violencia en Colombia: estudio preliminar", Revista CES Psicología/ISSN 2011-3080* Facultad de Psicología Universidad CES, [en línea], disponible en: *http://revistas.ces.edu.co/index.php/psicologia/article/view/2174*

Campbell, Jennifer; Aitken Schermer, Julie; Villani C., Vanessa; Nguyen, Brenda; Vickers, Leanne; and Vernon, Philip A. (2009), "A Behavorial Genetic Study of the Dark Triad of Personality and Moral Development", *Twin Research and Human Genetics Volume 12 Number 2* pp. 132–136

Cloninger, Susan C (2003), *Teorías de la personalidad*, 3ª ed., México, Pearson Educación.

Correas, Óscar (2004), *Introducción a la sociología jurídica*, México, Fontamara.

Cuche, Denys (2002), *La noción de cultura en las ciencias sociales*, Buenos Aires, Ed. Nueva Visión SAIC, p. 20. Disponible en: *http://www.proarhep.com.ar/wp-content/uploads/Cuche_La-nocion-de-cultura-en-las-Ciencias-Sociales.pdf*

Damasio, Antonio, *El extraño orden de las cosas. La vida, los sentimientos y la creación de las culturas*, (2018), Destino, Vol. 287.

Damasio, Antonio, (1997), *El error de Descartes. La razón de las emociones*, Santiago de chile, *Andrés* Bello.

Darwin, Charles, *El origen de las especies* (2007), Éxodo, México, p. 110 (publicado originalmente en 1859).

De Celis Sierra, Mónica (2014), "Personalidades psicopáticas (antisociales) Mc Williams N. Diagnóstico psicoanalítico. Comprendiendo la estructura de la personalidad en el proceso clínico", *Aperturas psicoanalíticas. Revista internacional de psicoanálisis, Núm. 047*, pp. 4-6.

De Waal, F. B. M. & Suchak, M. (2010), *Review Prosocial primates: selfish and unselfish motivations*, Living Links, Yerkes National Primate Research Center and Psychology Department, Emory University, Atlanta, GA,

USA, The Royal Society, [en línea], disponible en: *https://royalsociety-publishing.org/doi/pdf/10.1098/rstb.2010.0119*

Elías, Norbert (1987), *El proceso de la civilización. Investigaciones sociogénicas y psicogenéticas,* México, Fondo de Cultura Económica.

Engels, Fredrich, *Intoducción a la dialéctica de la naturaleza,* Imprime y edita Caum (Club de Amigos de la Unesco de Madrid), p. 7. Recuperado de: *http://biblio3.url.edu.gt/Libros/intnatu.pdf*

Enríquez Rubio Hernández, Herlinda (2019), *Investigación científica en el derecho y disciplinas afines. Un proceso epistémico-metodológico riguroso,* México, Porrúa.

Enríquez Rubio Hernández, Herlinda y Hernández Cuevas, Maximiliano (2014), *Consideraciones epistémico-metodológicas sobre la investigación de la realidad jurídico-social,* México, Instituto de Investigaciones Jurídicas de la Universidad Autónoma de Chiapas [en línea], disponible en: *www.iij-unach.mx*

Fernández Montraveta, C. y Ortega, J. (1990), "Evolución del comportamiento animal en situaciones de conflicto" Madrid, Revista de Psicología General y Aplicada, 43 (3), pp. 327-330.

Foucault, Michel (1979), *Microfísica del poder,* Madrid, La Piqueta, 2ª edición.

Fouts, Roger (1999), *Primos hermanos. Lo que me han enseñado los chimpancés acerca de la condición humana,* Barcelona, España, Ediciones B.S.A, p. 72.

Fromm, Erich (2014), *El miedo a la libertad,* Paidós, Buenos Aires, p. 183 (1ª ed. En español 1947.

Fromm, Erich (2010), *El corazón del hombre. Su potencia para el bien y para el mal,* 20ª reimpresión, México, Fondo de Cultura Económica

Fromm, Erich (2003), *El Arte de amar,* Paidós Contextos, Barcelona.

Fromm, Erich, (2003), *Ética y psicoanálisis,* México, Fondo de Cultura Económica, p. 70 (1ª ed. en español 1953).

Fromm, Erich (1985), *Anatomía de la destructividad humana,* México, S. XXI, p. 107.

Glenn Andrea L. & Raine Adrian (2014), *Psichopathy: An Introduction to Biologycal Findings and Their Implications,* New york, University Press

Glenn Andrea L. & Raine Adrian (2014), "Neurocriminology: implications for the punishment, prediction and prevention of criminal behaviour" *Nature Reviews Neuroscience 15* pp. 54-63

Goodall, Jane (1993), *A través de la ventana. Treinta años estudiando a los chimpancés,* Salvat, pp. 56-60.

Gräslung, Bo (2005), *Early humans and their world,* London and New York: Roudledge, Taylor & Francis Group.

Gilligan, Carol (2013), *La ética del cuidado,* Barcelona, Cuadernos de la Fundación Víctor Grífols i Lucas, 30, pp. 10-39.

Habermas, Jürgen (2010), *La ética del discurso y la cuestión de la verdad,* 3ª impresión, México, Paidós.

Habermas, Jürgen (2008), *Consciencia moral y acción comunicativa,* Madrid, Trotta

Habermas, Jürgen (2002), *Teoría de la acción comunicativa,* México, Taurus.

Habermas, Jürgen (1992), *La reconstrucción del materialismo histórico,* Madrid, Taurus Santillana.

Habermas Jürgen (1999), *La inclusión del otro. Estudios de teoría política,* Barcelona, Paidós.

Habermas, Jürgen (1988), *La lógica de las ciencias sociales,* Madrid, Tecnos.

Hernández Cuevas, Maximiliano, (2017), *La investigación argumentada. Bases del discurso en la ciencia y en el derecho,* México, Porrúa.

Hofstede, Geert, Hofstede, Geert Jan, y Minkov, Michael (2010) *Cultures and Organizations: Software of the Mind. Intercultural Cooperation and Its Importance for Survival,* New York, Mc. Graw Hill.

Instituto de rehabilitación neurológica, irenea (2017), disponible en: *https://irenea.es/blog-dano-cerebral/cambio-personalidad-dano-cerebral-poco-historia/#:~:text=PHINEAS%20CAGE%20Y%20LAS%20ALTERACIONES,de%20decisiones%20de%20este%20paciente*

Jarymowicz, Maria and Bar-tal, Daniel(2006), "The dominance of fear over hope in the life of individuals and collectives", *European Journal of Social Psychology Eur. J. Soc. Psychol. 36,* pp. 367–392, [en línea], disponible en: *https://www.researchgate.net/publication/227652219_The_Dominance_of_Fear_over_Hope_in_the_Life_of_Individuals_and_Collectives*

Kabato, Iñaki, "Qué es el Continuum", Psicodata, Centro de Psicología; disponible en: *https://www.psicoadapta.es/blog/que-es-el-continuum/*

Kernberg, Otto, (2004), "Agressivity, narcissism and self-destructiveness in the psychotherapeutic relationship: New developments in the psychology and psychotherapy of severe personality disorders", *New Haven, CT: Yale University Press,* New Haven and London, pp. 6-8.

Lorenz, Konrad y Leyhausen, Paul, (1985), *Biología del comportamiento. Raíces instintivas de la agresión, el miedo y la libertad,* México, Siglo XXI, p. 39.

Malinowsk, Bronislaw (1984), *Una teoría científica de la cultura,* Madrid, ed. Sarpe, pp. 56-57 (1ª edición en inglés en 1944).

Manfred-Neef, Max, Elizalde, Antonio, y Hopenhayn, Martín (2010), *Desarrollo a escala humana. Opciones para el futuro,* Madrid, Biblioteca CF+S. Disponible en: *http://habitat.aq.upm.es/deh/*

Marín, Gloria (1993), *Ética de la justicia, ética del cuidado,* disponible en: *https://feministas.org/IMG/pdf/etica_de_la_justicia_y_etica_del_cuidado_-_gloria_marin.pdf*

Minkov, M. (2009). "Predictors of differences in subjective well-being across 97 nations." *Cross-Cultural Research.*

Mitae, Carme (2007), *Implicaciones cognitivas del aprendizaje lingüístico en los simios,* [en línea], disponible en: *quark.prbb.org/25/025045.htm*

Mitani, John, Watts David P. and Amsler Sylvia J. (2010), "Lethal intergroup aggression leads to territorial expansión in wild chimpanzees", *Current Biology, Volume 20, Issue 12, June 22,* [en línea], disponible en: *https://www.cell.com/current-biology/fulltext/S0960-9822(10)00459-8#secd13565180e130*

Mitani, John C and Muller, Martin N. (2005), "Conflict and Cooperation in wild chimpanzees" *Advances in the Study of Behavior; vol. 35*

Mitani, John, video "La rebelión de los simios", [en línea], disponible en: *https://www.youtube.com/watch?v=zEXYN2ewrfg*

Moore Jr., Barrington (1996), *La injusticia: bases sociales de la obediencia y la rebelión,* México, Universidad Nacional Autónoma de México, p. 20 (1ª ed. en inglés 1977)

Morin, Edgar (1999), *El Método. El conocimiento del conocimiento,* Cátedra, S. A. Madrid.

Morín, Edgar (1999), *El método III. El conocimiento del* conocimiento, Madrid, Cátedra.

Morin, Edgar (1977), *El Método I,* Multiversidad. Mundo Real. Edgar Morin. Una visión Integradora- Cátedra UNESCO, disponible en: *http://www.edgarmorinmultiversidad.org/index.php/libros-sin-costo/81-edgar-morin-el-metodo-i.html*

Moya-Albiol, Luis (2004), "Bases neurales de la violencia humana", *Revista de Neurología; 38 (11),* Departamento de Psicobiología, Facultad de Psicología, Valencia, España, pp. 1067-1075.

Nesse, Randolph M. and Ellsworth, Phoebe C. (2009) "Evolution, Emotions, and Emotional Disorders", *American Psychologist, January 64 (2),* pp. 129-139

Orellana Wiarco, Octavio Alberto (2012), *Criminología Moderna y Contemporánea,* México, Porrúa.

Osorio García, Sergio Néstor (2012), "El pensamiento complejo y la transdisciplinariedad: fenómenos emergentes de una nueva racionalidad", *rev.fac. cienc.econ., Vol. XX (1),* Universidad Militar Nueva Granada, Junio 2012, 269-291.

Paulhus, Delroy (2014), "Toward a Taxonomy of Dark Personalities", *Current Directions in Psychological Science, Vol. 23(6),* pp. 421–426, [en línea], disponible en: *cdp.sagepub.com*

Paulhus, Delroy L. and Williams, Kevin M. (2002), "The Dark Triad of personality: Narcissism, Machiavellianism, and psychopathy", *Journal of Research in Personality 36,* USA, Elsevier Science, pp. 556–563.

Piaget, Jean y García, Rolando. *Psicogénesis e historia de la ciencia,* 11ª ed., México, Siglo XXI, 2008.

Pinker, Steven (2011), *Los ángeles que llevamos dentro. El declive de la violencia y sus implicaciones,* Barcelona, Paidós.

Reboreda, Juan Carlos (2013), "La ecología del comportamiento animal", Facultad de Ciencias Exactas y Naturales, UBA, Volumen 23 número 135 octubre - noviembre 2013, p. 51.

Sanmartín Esplugues, José (2013), *"Huyendo de los extremos. Conciliación (Consilience) en la explicación del comportamiento violento humano" Contrastes. Revista Internacional de Filosofía: Suplemento 18, pp. 269-286. ISSN: 1136-9922,* Málaga, España, Departamento de Filosofía, Universidad de Málaga, Facultad de Filosofía y Letras Campus de Teatinos, E-29071

Santiesteban, Fernando (2006), "La cultura I: conceptos tradicionales y nuevos enfoques, Perú", La insignia. Disponible en: *http//www.lainsignia.org/2006/marzo/dial_001htm*

Stockdale, Laura A., Morrison, Robert G., Kmiecik, Matthew j., Garbarino, James, and Silton Rebecca L. (2015), "Emotionally anesthetized: media violence induces neural changes during emotional face processing", Oxford University Press, [en línea], disponible en: *https://academic.oup.com/scan/article-abstract/10/10/1373/1648617*

Suárez, Luis (2017), "Las paradojas de la felicidad", ethic, disponible en: *https://ethic.es/2017/04/informe-mundial-felicidad-paradojas/*

Tarski, Alfred, "Verdad y demostración", *Disputatio. Philosophical Research Bulletin Vol. 4, No. 5,* Dic. 2015, pp. 367-396 [en línea], disponible en: *www.disputatio.eu*; Tarski, Alfred. *La concepción semántica de la verdad y los fundamentos de la semántica,* 1966 [en línea], disponible en: *http://serbal.pntic.mec.es/~cmunoz11/tarski.pdf*

Tomasello, Michel & Call, Joseph (1997), *Primate Cognition,* New York-Oxford, Oxford University Press, Inc.

Thompson, John B., "El concepto de cultura" en *Ideología y cultura modernas. Teoría critica social en la era de la comunicación de masas,* Capítulo 3, Ed. Casa Abierta al Tiempo, pp. 183-240.

Vernon, Philip A.; Villani, Vanessa C.; Vickers, Leanne C. and Aitken Harris, Julie (2007), "A behavioral genetic investigation of the Dark Triad and the Big 5", *Personality and Individual Differences 44, (2008),* pp. 445–452, [en línea], disponible en: *https://www.journals.elsevier.com/personality-and-individual-differences* -+

Vossen, Taylor J.; Coolidge, Frederick L.; Segal, Daniel L. and Muehlenkamp, Jennifer J. (2017), "Exploring the Dark Side: Relationships between the Dark Triad Traits and Cluster B Personality Disorder Features", *J Psychiatry Psychiatric Disord, 1 (6),* pp, 317-326

Weber, Max (2004), *Economía y sociedad,* México, Fondo de Cultura Económica, 14ª reimpresión (1ª ed. 1922).

Wieviorka, Michel, "La violencia: destrucción y constitución del sujeto" (2001), *Espacio Abierto, Vol. 10 - No. 3* julio – septiembre, Universidad de Zulia, Venezuela, pp. 337-347.

Wrangham, R.W., Wilson, M.L. and Muller, M.N. (2006), "Comparative rates of violence in chimpanzees and humans", *Primates 47,* pp. 14–26, jannuary, [en línea], disponible en: *https://doi.org/10.1007/s10329-005-0140-1*